山西者，表里山河，晋南者，水深土厚。

安土重迁，黎民之性。　骨肉相附，人情所愿。

晋 南 乡 情 尤 如 此。

何 以 然？ 看 其 民 居 便 知。

杨晓红 著

山西出版传媒集团
三晋出版社

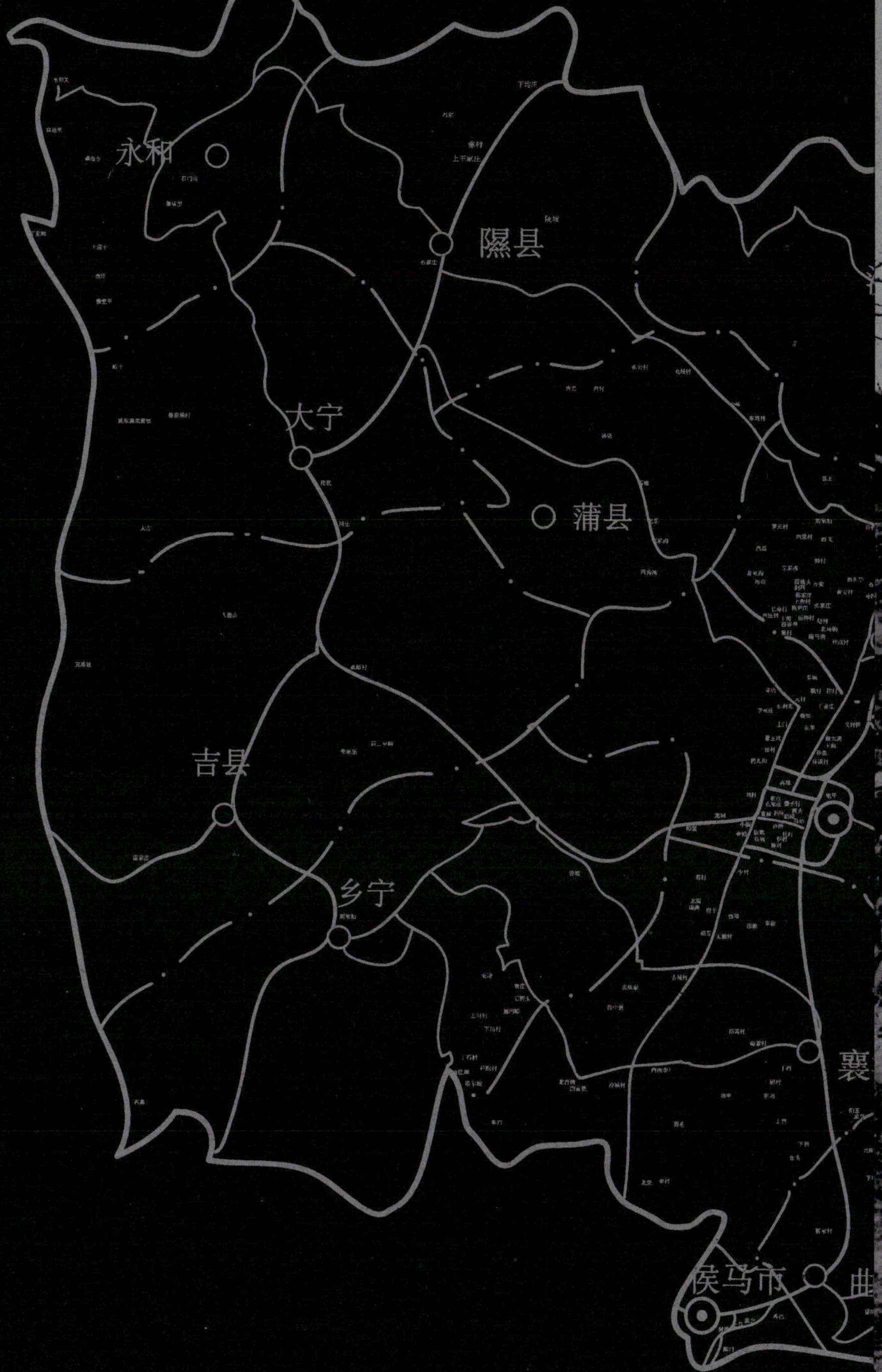
永和
隰县
大宁
蒲县
吉县
乡宁
襄
侯马市
曲

照片里的民居宅院

介 子 平

山西者，表里山河，晋南者，水深土厚。安土重迁，黎民之性，骨肉相附，人情所愿，晋南乡情尤如此。何以然？看其民居便知。

麦熟季节，蓝天红日，大地苍黄，其间青螺葱葱者，百年村落也。晋南自古为北方粮仓，民殷财阜，民居自然也讲究。晋南即传统意义上的河东地区，依目前的行政区划，分属临汾、运城两市。临汾地区民居大致可分为平川瓦房式、东西两山窑洞式两类。

平川瓦房式民居，结构严谨，一般呈封闭结构，有高大围墙隔离；以四合院为建构组合单元，院院相连，沿中轴线前后排列，左右展开，形成风格相近、错落有致的建筑群体。其典型之作为襄汾县的丁村民居。

难得的是，这些巨型大号宅院的建设，虽在年长日久之间持续展开，但布局设计、工艺技术、风格样式却能保持协调均匀、先后贯一。梁思成在山西考察古建筑时，此类宅院给他留下过深刻印象。他在当时的记录中写道：

“这种房子在一个庄中可有两三家，遥遥相对，仍可以想象到当日的气焰，其所占地面之大，外墙之高，砖石木料上之工艺，楼阁别院之复杂，均出于我们意料之外许多。由庄外遥望，十数里外犹见，百尺矗立，崔嵬奇伟，足镇山河，为建筑上之荣耀。”

汾西县师家沟民居，则是东西两山窑洞式民居的典型。外观，依山就势，随形生变，层楼叠院，错落有致；其内，窑洞瓦房，相互连缀，装饰典雅，内涵丰富。尽管依坡而构，仍要围成一个个高大院落，大小院落既珠联璧合，又独立成章。通过院门、耳门、偏门、楼门、屏门、暗门，上下左右，互相贯通且衔接自然，形成了由下而上，楼上楼、院中院的奇特格局，且有“关好八大门，锁好十小门，行人难出村”之说。一条以长方石条铺成的人行道，连接全村各户人家，长一千五百余米，且与排水道接通。

伦理学、民俗学的缩影在建筑中无处不在。宅院封闭沉滞、绵亘起伏的整体结构，房舍布局的主次分明、内外有别，都能在封建意识形态的礼制、等级、纲常中找到对应。宅院里民俗风情的尽情展示，平民生活的细节描述，寓意富贵吉祥的装饰花样层出不穷，包含儒家教化的传说故事场景无处不在。

一

“宅好人旺”向来是国人几千年来对住宅文化的追求，进而产生了“风水”这一中国古代地理选址与布局的艺术。古人认为，居所风水事关子孙繁衍，家族兴旺，故在建房筑院前，须先请风水先生堪舆选址。上上所选，必是负阴抱阳、背山面水之地，背山可迎阳光拒寒风，面水可纳凉气润滋生。对现代人而言，其更在提升生活质量，讲究环保效应。人宅相通，人因宅而立；感应天地，宅因人而存。

中式建筑，多由建筑包围空间，西式恰相反，建筑居中，空间包围之。中式宅院多左右对称，空间位置的对称性设计，是对大自然的有机模仿，此等模仿可使居者得到感官愉悦与情操陶冶，进而产生益于身心健康的审美感受。故中式院落多采用正偏结构，且正院上高下低，中庭开阔，尊卑有序，等级分明。正房高，厢房低且小于正房。从宫廷到民间，皆遵循此定式，晋南宅院亦然。

居于上风水的房间，为尊者长辈首选，正院正房正厅不光屋顶比厢房高，台阶也要多出一两级，宅主在此除起居会客议事外，楼上一般用于礼佛、藏书。上院厢房以兄东弟西安排，下院以同样模式安顿下一辈。南楼为绣楼或闺房，下层居丫鬟，上层住小姐，其住所无论前厅还是过厅，均明显向后回缩，意在体现礼教中的“女子低头后退，不能出人头地”理念。小姐们十三岁入阁，出嫁时方可下楼。绣楼多与餐室相通，以便于用餐方便。尊卑观念、等级制度，也依风水而转。

如丁村宅院中的高大者，看上去形如城堡，三面临街，四周为封闭式砖墙，上置女儿墙与探口。大门以里为甬道，上置顶楼。当地民谚有“有东没西，不存老妻；有西没东，不存老公；唯有北房，有君无臣”的说法。若遇门对门，却不能面对面，各自须错位一步。因为传统观念认为，门对门就是口对口，如此大口吃小口，便会造成父子不睦、兄弟阋墙、妯娌欠和、姑嫂相嫉的结局，而父慈子孝、臣忠夫义、妇从友恭、敬长择友、族睦邻和，正是农业文明道德规范的最高标准。其院落严格按照大游年法排列，处于吉位的正房为主家起居之用，凶位则可安排作仓库或茅厕，所以，北厢多作储库，东南用于修建厕所。

师家沟民居院落没有采用城堡式布局，以传统的四合院为主要形式，综合山区地形和窑洞式建筑的特点，出现了一些四合院结构式的二层多进的四合院和三合院，院里有院，楼上有楼，房中有房，窑内有窑。其未采用城堡式构架，而采用了分散式的独立布局，每个家庭均有自己的独立住宅，但在整体规划上有统一的公共道路、排污设施。附属的油坊、酒坊及长工住房均设置于村外。整体布局和群体组合上，有主有次，有藏有露，既能满足对外交往的要求，又能满足隐匿私密的要求，体现了尊卑分等、贵贱分野、上下有序、长幼有伦、内外有别、男女归位的宗族特点及宗法礼教。宗法制度是维系家族利益的精神支柱，因而建宗祠、修家谱被视为“睦宗族，叙彝伦”的大事。嘉庆年间编修族谱，咸丰五年创建的师氏祠堂，位于全村上好的风水宝地。崇祖祀神是维系家族利益的另一内容，创业时期，自给自足，神灵崇拜甚至优于祖先礼敬，因此在村南口建有祀奉牛、马、龙的诸神庙。为防御之用，其在宅院中设有相对隐蔽的侧门、偏门、踏道，与房内的暗洞、地道相互穿通。一旦遇盗匪，村人可通过不同的通道迅速逃离或集中防御。

《水龙经》中有“水积必然龙有穴，水流气散不堪陈”之说，可见民间对水的重视程度。所以各处大院的边房屋顶多采用内向单坡顶，合“水不外流”之意，积水待汇入暗渠后方可排出。门不能对门，水也不可对水，所以其下水道同样不能在一条线上，而是左右相绕成“绕门渠”，门前渠水绕，财源滚滚来。既然水流与财富有直接关系，排水如过于顺畅便有破财之嫌。为使之曲而折，便须将流水向吉位引导，有的出水口前还设置了屏障，迫使其改道，但无论如何，出水口都要雕凿成各式兽头，以示吉利。上善若水，其第一善即居善地。外墙上则少有开窗，窗户一般向院里开放，有保财气之意。若要与外通风，也只是从外墙高处开若干八边形小窗，其取八卦之意，旨在镇邪避恶。门扇或四或六或八，绝无十扇者，意在防止“失散”。其虽有雕梁画栋的铺陈，但多在斗拱墀头、门窗勾栏处，所占比例并不大，所以整体色彩呈灰黑色调，在阴阳五行中，黑主水，水即财。

晋南民居的另一特点是各式照壁、影壁多，置于门外者曰照壁，门内者曰影壁。照壁、影壁，皆风水墙。风水讲究导气，《水龙经》中有“直来直去损人丁”之说，气不能直冲厅堂或卧室，否则不吉。影壁便有破其损的功用，且合“曲则有情”的风水原理，同时起着使呼啸而来的冲煞气流放缓的作用，与宅内之气相协调，此即风水上所谓“则气不散”说法。照壁、影壁可遮蔽视线，避免气冲，保持气畅，故而非同小可，至关紧要，主家在此所下功夫也多，既有庄严肃穆气派者，也有灵动活泼精巧者，气派者庭内少，精巧者院外多。另外，在里外院落的穿心过厅处，每每放置木制屏风，作用等同于照壁、影壁。纵使不导门厅，直冲墙垣也不可，也要在墙隅街衢巷门前直冲之处，嵌一块“泰山石敢当”之类的砥碣，厌殃镇邪。

二

丁村民居四围多为十米左右高的砖墙，且墙上不设窗口，周遭仅有一道沉闷的院门沟通内外。从外部观察，高垣垛堞，灰壁黛瓦，宅院相连，犹如一座城堡，威严凛厉，正襟危坐。进入院内，石刻门墩、纹样门环、木雕门罩处多少有了些装饰。世俗生活毕竟不能终日不苟言笑，冷若冰霜。从柱础到雀替，从瓦当到鸱吻，从照壁到烟囱，从马头到山花，无不雕凿，无不刻画。入得内室，更觉一派奢华，硬木桌椅、云母螺钿，画栋玉砌、花牙挂落，九龙灯、犀牛镜，儿女情长其间、天伦之乐内容。

师家沟院落中，三雕点缀也比比皆是。外宅门一般是朴实无华的砖雕券门，内宅门多有装饰，雕刻有精细的垂花门。倒座多为面阔三间、内向单坡或双坡硬山式建筑，功能主要是举行聚会，故外檐装饰图案富丽堂皇，从墀头到门罩，皆十分讲究，檐下迎风板上刻有显示主人品位与德行的匾额楹联。现存门楼、栏板各处的花草、人物、琴棋书画木雕十余套，较之平川民居的玲珑精细，显得拙朴浑厚。门额、门匾、木刻牌匾、砖刻牌匾二百余处，尤以“东山宅”“北海风”“南山寿”“敦本堂”等牌匾出众。题刻虽为素常的“清白家风”“耕读传家”“心气平和”“从长”“处善”等，却是字迹刚劲，凝重洪量。

木雕、砖雕、石雕是民间建筑最为普遍的装饰手法。木雕在晋南宅院中所占面积一般不会太大，但位置醒目，木质也平常，镂刻却精细，雕件之上石绿搽底，金粉勾勒。砖雕之中还应包括砖塑、砖砌等，又有深雕、浅雕、圆雕之别。雕凿内容无外人物、花鸟、博古等。其整体粗犷豪放，但不乏精良细节，风格简约质朴，但也有繁琐华丽之处。石雕则集中于柱础、栏杆、门礅几处，多数图案为阴纹线刻型。只有砖雕遍布于建筑上下、构架内外，是山西民居装饰之主体。木雕装饰在大院中如瓷之斗彩，木刻是釉下彩，彩绘是釉上绘；石雕犹如官窑青瓷，须品茗把玩，悉心琢磨；砖雕则是随处可见的青花瓷，虽质朴却醇和，虽肃杀却清雅。“三雕”在此交错出现，杂糅相间，其运用可谓珠联璧合，相得益彰。

“三雕”题材注重寓意，内容追逐吉祥，无外乎多子多福、长寿安康、富贵永久、趋利避害的心理，概括起来大致“福、禄、寿、喜、财、吉、和、安、养、全”几个字。以蝠喻“福”、以鹿喻“禄”、以鱼喻“余”、以磬喻“庆”的谐音手法，以葡萄喻多子、以松鹤喻长寿、以鸳鸯喻婚配、以牡丹喻富贵的象征手法，又将这种心态抽象成了诸多符号图案。其看似拼凑芜驳、杂乱无章，却绝无晦涩深奥、费解莫测之表现；其含蓄隐喻、蕴藏寓意，却趣味盎然，耐人寻味，是功用与审美、心与物的和谐统一。这种审美很大程度体现了庶民对现实不足的补偿性理解与追求，可将其归纳为一种精神的慰藉。

同是贺寿寓意，也有不同的表现形式，或鹤或桃，或松或菊，或灵芝仙草或龟背翰锦，猫蝶谐“耄耋”、异兽谐“益寿”，麻姑可以献寿，五蝠可以捧寿。同为多子寓意，榴生百籽，葡萄多籽，葫芦多籽，猴子马上抱子，麒麟送子，莲生贵子，梧桐落贵子，萝卜“摞辈”，串枝莲子孙延绵。至于喜鹊登梅、鹭鸶戏莲、鹿鹤同春、和合二仙、出将入相、刘海戏蟾、渔樵耕读、辈辈封侯、金狮白象、瑟高跨鲤、太狮少宝等的名堂就更多了。其中的戏出图案，如杨排风、三岔口、拾玉镯等，无非也要昭示戏后的主仆忠诚、情投意合故事。有好事者将这些图案的名称从一排到了九：一蔓千枝、二狮富门、三星高照、四狮如意、五福捧寿、六鸽通顺、七巧回纹、八骏九狮。

这些图案看似已程式化、概念化，却不难从中比较出不同匠人各异的表现手法。同是“暗八仙”，有的是不同的夸张；同是松竹梅，有的是不一样的浪漫。有了这等不同，也就产生了不同的联想、不同的比附。同是一只蝙蝠，有具象出爪羽的，有抽象成草纹的；同是一条枝蔓，有穿插攀绕、栩栩欲活者，有直棱直角、坚如磐石者。看到这些，不难想象出当年那些衣衫褴褛的匠人们，是如何在烈日下或风霜中专心操作的，然而，极度艰辛也不能磨灭其向往自由的天性。

三

杨晓红先生是位摄影爱好者，自二十世纪八十年代始，零星拍摄了一些临汾地区的古民居。自无意至有意，竟担当成了一项责任，操作成了一门事业。三十年间，他跑遍了临汾地区十七个行政区的村村落落，拍摄了万余张照片。起初是黑白，之后换彩色；起初是胶片，之后为数码；然待二次回访补拍时，其中的十之七八，已荡然无存。

我所在的这座城市，改作会所饭店的老建新构者中，便多自襄汾、翼城等地拆迁而来。

当人们重新审视传统，认识到这些民居宅院的价值时，其已闲置经久，毁弃殆尽，时下又被席卷而来的市场大潮，倒腾到了经济相对发达的城市，辗转到了附庸风雅的新贵手中。在他们现代化家电和前卫装修的厅室里，摆放一二符号象征的老家具、老牌匾、老柱础、老瓦当，被视作返璞归真、雍容尔雅之举。但这些老物件、老房子一旦离开了发生地，离开了与之融洽匹配的环境，其价格虽翻番，价值却大打折扣。哪一处民居宅院迁建他乡，哪一种民间物品流落市场，便表明哪一种民间文化已成历史。留几幢老房子、老器物于昨日的记忆，为行将消失的本土文化、地域特色留一份今日的活证，留一份历史的根脉与精神，绝对有必要。

如今回首这些熟悉的民居，由感知而理性，竟能挖掘出如此多的内涵来。有些宅院是如此地耀眼，以致成了山西的文化符号，而在既往，这些内涵则隐匿于集体无意识中，无声无息，不知不觉，凡人习以为常，司空见惯，无人为之侧目，甚至明察秋毫的县志也未有任何文字的记录。重新审视的目光需拉开时间与空间的距离，需以其他的知识点加以佐证。

三晋出版社的原晋先生，是位满是情怀的文化人，出版过一批让人记得住的好书。其偶知杨晓红先生拍摄老民居的事由，立即动身，南下临汾，与作者面议出版事宜。经过一段时间的精心打磨，本书终得面世。

每座民居的背后，都有着一串悲欢故事，一段童年记忆，黄永玉在《老头还乡》中便说："七十多岁的人回到老屋，总以为自己还小。"故人是参照自我的一面镜子，故宅是过往岁月的一部留声机。二三十年前还是人丁兴旺、喧嚣蒸腾的宅院，如今皆已成为记忆。乡村凋敝不堪，有所耳闻，未见实地。乙未清明前一周，我随某摄制组至晋西北的兴县调研，感同身受，眼见为真。残垣断壁，十室九空，洞户寂无人，纷纷开自落；荒草侵道，杂树封门，但对狐与狸，竖毛怒我啼。此番情形，顿生末日之感。离村者，十之七八，留村者，七老八十。留守老人，呆坐一处，聊无可聊，姑且闭目。人去，学校撤，诊所走，鸡犬之声也失；田芜，春耕时节，寡有上地犁田者。剩山遗民国变时，然彼剩山非此剩山，此剩山，四荒之山，彼遗民非此遗民，此遗民，移民者也。反倒是县城，一扩再扩，无限膨胀。虽在工作日，街巷多闲人，或围观，或聚聊，商家占道，车滞当街，一派蜩螗鼎沸、接踵联袂景象。大树底下无秀木，城市繁荣了，乡村必会衰败，老宅必会坍毁，必会被倒卖。晋西北如此，晋南情形大致也好不到哪儿。

照片犹在，其中的故事是否还能续得下去、衔得起来，不得而知。

是为序。

丙申初冬

前言

我对古民居的拍摄，开始于二十世纪八十年代中期，这和自己喜欢收藏和摄影有关。当时，出于对中华悠久历史的热爱，我开始收集古钱币和古玩，从中了解中华文明的发展历程。每逢节假日我都会骑自行车去临汾周边的乡村走街串巷。在此期间，看到了许多古村落、古民居。每次走进古村落、古民居，我都会被那些精美的木雕、砖雕、石雕所吸引。自然而然地就随手拿起相机，拍下了这些美妙绝伦的图案，自我欣赏。随着拍摄数量的增多，通过和古民居中老人的交谈，我渐渐发现了古民居中蕴含着丰富的历史文化信息，知道了那些深宅大院都和当时的晋商、官宦有着千丝万缕的联系，是他们辉煌成就的一种突现和彰显。由此，我开始关注古民居，系统地拍摄古民居。

临汾地处山西南部，是晋商的发源地之一。悠悠几千年的华夏文化，从发生到发展的过程都在这里留下了清晰的轨迹，几千年物质文化的积淀，在这片广袤的土地上形成了无数闪耀着中华文明光辉的古村落、古民居。特别是明清宅院，数量多、质量好，是极富地域特色、极有文化价值的民居建筑瑰宝。襄汾的丁村民居、汾西的师家沟民居在时间跨度和建筑规模方面，都是现存民居建筑的佼佼者，均为全国重点文物保护单位。还有霍州许村的朱氏民居、洪洞上寨的李氏民居、曲沃的薛家大院、古县石壁村的张氏民居、翼城的贾氏民居、乡宁的石坪民居……无不洋溢着一方水土的神韵，展现着古代建筑的丰姿，折射着古人的优雅情怀。

临汾古民居具有鲜明的区域个性，掩映在太行、吕梁山间，散布于汾河两岸。一座座明清老屋，每一个屋檐，每一段墙角，都代表着一段血脉相连的传承和一个区域的精髓。装饰华丽、精雕细琢，是临汾市区以南的建筑特征；气势宏伟、粗犷壮观是洪洞、霍州地区的建筑特征；依山而建、就地取材是太岳、吕梁山旁的建筑特征。每一种特征都是一个包罗万象的文化综合体，需要我们去留意、发掘更多的细节，去呈现古民居存在的文化意义，留下更多的影像资料。

钟爱精美、宏大、古老的传统民居，是我永远化解不了的文化情结。临汾大地上散落的一座座明清大院，恰恰满足了我从小在四合院长大的怀旧情感。古民居里凝聚着多少人类的智慧，凝聚着多少前人的情感，每一次拍摄都是一次与远古的对话。2007年夏天，我同几位影友沿黄河拍摄黄土风情，当走到大宁县徐家垛乡芙蓉村姚家滩自然村时，看到昕水河绕村而过，气势非凡。远远望去，山顶上的古寨如同建在一把笊篱上，北、西、南三面峭崖，下临昕水，东面筑有高大的寨门。当地村民讲，这个古堡为笊篱寨，创建于明末，是当地人为防御兵燹和匪患而建，清同治九年曾作为防御捻军的兵营。走进古寨，我才发现寨址如此险要，把住寨门，真是一夫当关，万夫莫开。寨内建筑建在天然的石头上，现有院落5处，石窑60多孔，虽已残破，但格局保存较好，对研究明清时期黄河沿线军事防御和黄河沿岸古民居，具有一定的价值。在拍摄古村落、古民居的过程中，我也发现了大量散存的更早期建筑。2006年，我到乡宁县云丘山周边拍摄古民居，前往安汾村，安汾村在唐代曾是县城所在地，拍摄时竟发现此地还遗存有唐代的监狱，让人惊叹之余有一种穿越时空的感觉。

一有闲暇，我总喜欢到古村落走走看看。有时和影友结伴，但更多的是独自一人，像一个不经意的过客，在古村落的民居中漫步。我轻轻地走过，不愿打扰古民居，只想带走那些迷人的影像，留下我的身影融入其中。刚开始拍摄时，我只是选择一些自己喜欢的民居局部，随着拍摄的深入，我开始系统地研究古民居拍摄。既拍摄古民居所处的场景地域，也拍摄局部和特写，还拍摄古民居中人们的生活。我觉得，只有生活在古民居中的人才是古民居的见证者，才是历史文化的传承者。我很少会把古民居拍摄得很唯美，很现代，古民居就是古民居，它默默地承载着、静静地矗立着、无声地记录着，不需要过多的词语和色彩来渲染。为了拍摄丁村民居的全景，2000年大雪过后，我冒着严寒，战胜恐高，爬上了30余米高的移动信号塔，拍到了雪后的丁村。40余座院落、600余间房屋的典型中国北方汉民族四合院建筑在大雪的映衬下，如同一座恢宏的民间“宫殿”，呈现出一种动人心魄的历史沧桑感和厚重感，让人迷醉。师家沟民居始建于清乾隆三十二年（1767），历经嘉庆、道光、咸丰、同治四朝百余年的扩建，建成了占地4000平方米，有近30个大院落的规模。民居院中套院，楼上登楼，前院背后院，出院又进院，游人到此，如入迷宫。如此原生态的村落，每次拍摄都有无法抗拒的诱惑，让我流连忘返。

二十多年来，我几乎走遍了临汾17个县、市、区的大部分乡镇村庄，拍摄了2万多幅古民居照片。每一次走进古村落，都可以看到古人在乡村建设中对自然生态的尊重和热爱。比如襄汾县汾城镇，我先后去过几十次，但每次去都有不同的感受。也许是与1954年襄陵县与汾城县合并称襄汾县有关，因为降格后的汾城县成为汾城镇，从政治经济文化中心旁置，不再受人注目，不再优先发展，古城才得以较完整地保存下来，成为我国现存罕见的、保存完整的古代县级城市标本之一。城墙、街巷、府衙、庙宇、店铺、民居在这里还完整地保留着。它所记录的信息是非常真实准确的，是一部立体的教科书，也是一个现成的博物馆，为我们珍藏着乡情与乡愁。再如洪洞县赵城镇，也是从县城降格为乡镇，至今还保存着大量的明清民居，但赵城就没有汾城那么幸运，因为政府更加注重保护重点古建，大规模的普通民宅只能在余晖下叹息！

在多年的拍摄中我发现，随着城市和农村发展进程的不断加快，不少古城镇和古民居面临着拆迁和毁坏的危机。原汁原味的传统文化遭到商业化的侵袭，一些地方的文化遗存或被拆毁，或被复建得面目全非，古民居的整体风貌受到破坏。古村落、古民居正在被改变，而且变化极其迅猛。看着那些古老的建筑顷刻间变成一堆残砖破瓦，我的内心感到阵阵抽搐，所以我下定决心，要赶在那些古民居消失前为它们留下最后的影像。我先后去过二十多次师家沟民居，记录了师家沟近二十年的变化。从最初进入师家沟的狭窄土路到如今的柏油路，师家沟的交通发生了巨大的变化。随着村民不断外迁和修建新房，原有古民居开始破败坍塌，古村落间人和建筑的和谐宁静被打破，看到的只是人去屋空、杂草丛生。尽管政府确立了急需修缮的建筑，但由于资金缺口较大，只能勉强维修很少的一部分，大部分在风雨侵蚀中损毁。

或许是我们的历史太过漫长，人们失去了对古建筑的珍视，加之职能缺失，许多古村落、古民居在盖新房、建楼房的大拆、大建、大改中永久消失。还有一些在旅游开发中尝到甜头的地方和企业，为了所谓的“修旧如旧”，大肆高价收购建筑构件，由此引发了众多盗抢古建筑构件案件，使大批古民居惨遭破坏。大批的建筑构件近年来不断流失到太原、晋中、大同，北京、上海、广州甚至海外也偶见，把临汾古民居中的历史遗存拱手让给了别人。有些古村落随着原住居民纷纷搬迁，早已名存实亡。谁也无法预测，城市化进程下的古民居还能有多少留存下来，原生态的生活方式在汹涌而来的城市化面前还会坚持多久。这些仅存的古村落、古民居经受着风化以及人为弃置与无力修缮的命运，正在消亡，令人惋惜。记得十年前的一天，我到临汾一家有名的会馆用餐，发现里面陈列的砖雕竟然是多年前我拍摄过的襄汾南高刘家的古民居构件。刘家的代表人物刘笃敬，以山西商会会长的身份，成为夺回山西矿权的争矿运动的组织者和领导者，兴办了山西第一座发电厂，可惜刘家的古宅随着拆建、变卖就这样一点一点地消失了。多年来，我抢拍了临汾的贡院街、老东关、钟楼巷、西城门，霍州南街、曲沃老街以及临汾周边乡村众多的古民居。每次摁下快门，我都能感受到历史的厚重，我要用我的镜头，记录这历史的印记，帮现在和未来多保留一份记忆。虽然这些民居有些现在已不复存在，然而我的影像还在，我们仍可以用影像诉说那些曾经的绚烂！

说起古民居，就不得不提到晋商。现在一提晋商，人们往往会想到晋中的平遥、太谷、祁县、榆次等地，大量史料证明，平阳商帮是整个晋商的发源地和杰出代表。晋中商人主要兴盛于清朝中叶以后的一百多年间，而平阳商帮则称雄明、清两代及民国时期长达 500 年之久，如临汾亢家、洪洞杜戍董家、苏堡刘家、襄汾师庄尉家、南高刘家、北柴王家、南赵杨家、霍州朱家等，都是平阳商帮的代表。可惜这些宅第，与晋中巨商们的宅第相比显得“可怜”，不仅多已被毁，仅存的宅院亦难显昨日的辉煌。二十多年来，我在拍摄散落在黄土高原、晋南大地的古村落、古民居中，领略了平阳商帮昔日的荣光和他们对故土的眷恋，体味着中华传统文化中永恒的真善美。

临汾古民居注重把传统的思想文化、生活儒学与当地的生活需求紧密相连，以木雕、砖雕、石雕装饰为载体呈现，其中有不少独特的结构处理、布局手法与装饰方式，在艺术造型上独具一格。从中让我们得以望得见山，看得见水，记得住乡愁。

为了把遗存的古民居拍全、拍好，有的村庄我不得不多次前往。因为多数古民居已无人居住，有的房屋主人已移居城市或外出打工，院门常年锁闭，无法进入，我只能在春节、清明、中秋等传统节日期间利用农民返乡团聚、祭祖的机会到村庄拍摄，每一次拍摄都会产生满足感、兴奋感乃至沧桑感等各种情绪。因为拍摄有亲身感受，自己了解了很多，记录了很多，被触发、被打动也更多。古民居蕴含的地域风格，居住者的日常生活、劳动生产、衣食起居、宗教信仰、人际关系、节庆礼仪、娱乐表演、婚丧嫁娶、口头文学、民间艺术等都需要我们记录、保护、传承。我愿随着拍摄与古民居一起慢慢变老，我希望若干年后人们看到我的摄影作品还能感叹道：原来我们的先人是在这样的环境里生活的。

但愿斯人已去，旧屋依然，古风犹存！

目录

北片

尧都区

南片

西片

北片

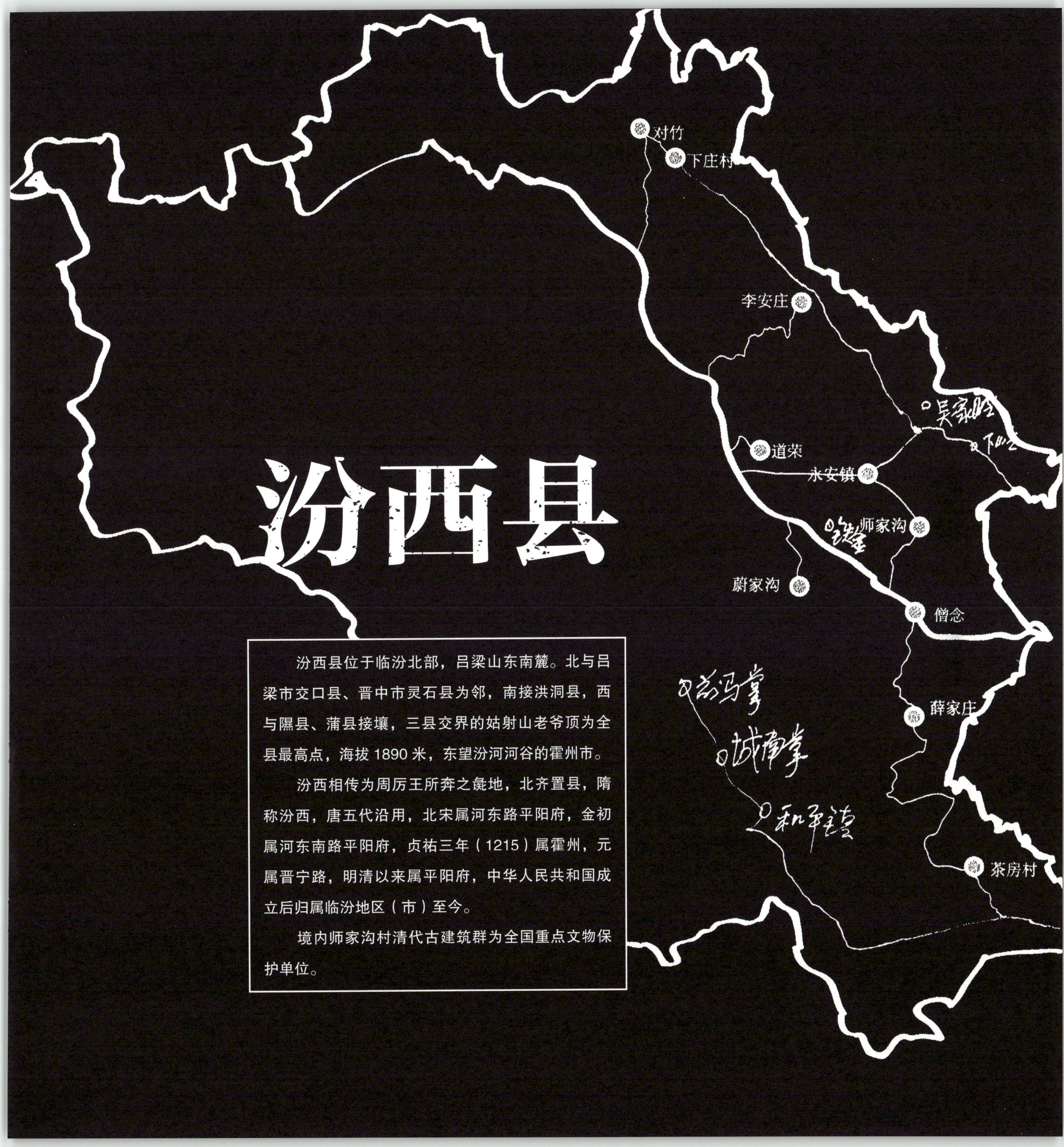

汾西县

汾西县位于临汾北部，吕梁山东南麓。北与吕梁市交口县、晋中市灵石县为邻，南接洪洞县，西与隰县、蒲县接壤，三县交界的姑射山老爷顶为全县最高点，海拔 1890 米，东望汾河河谷的霍州市。

汾西相传为周厉王所奔之彘地，北齐置县，隋称汾西，唐五代沿用，北宋属河东路平阳府，金初属河东南路平阳府，贞祐三年（1215）属霍州，元属晋宁路，明清以来属平阳府，中华人民共和国成立后归属临汾地区（市）至今。

境内师家沟村清代古建筑群为全国重点文物保护单位。

师家沟村

师家沟民居是全国重点文物保护单位，清乾隆三十四年（1769）由经商致富的师氏第三代孙师法泽开民居建造之先河，后经四、五、六代子孙扩建串通成当今43000平方米的窑洞庄园。现修缮的保护院落有14个，另有村口石牌坊和村内667米长的石板路，占地面积13393平方米。

师家沟清代民居结构奇特，既有主体交叉又有平行渗透，楼房、窑院，地上、地下浑然一体，全方位、多角度展示了“晋商文化又一村”的无穷魅力。

入村前首先映入眼帘的便是这一座高大的石牌坊，透过牌坊隐约可见背后层叠的房屋建筑群。牌坊建于咸丰年间，经过多年风雨侵蚀，精细的花纹已不可近观，但伟岸的线条还在诉说着过去的辉煌。拍摄于 20 世纪 80 年代的牌楼没有铁栏杆的围挡，旁边也没有横拉的电线和太阳能路灯，相对完整的顶层兽脊还在诉说着当时的历史故事。

依山而建，错落有致的师家沟建筑全景展现在眼前。村头山坡上孤立的苍松也不知是哪代子孙为纪念祖先而栽种的，山顶坟茔前精致的歇山顶墓碑记载的也不知是哪一代先人的丰功伟绩。

窑洞与四合院的交叉，体现了晋南乡村独特的生存哲学，以最少的工程量来换取最和谐的居住环境。师家沟不同于山西灵石王家大院削山而建、整齐划一、左右互通的大格局，更多体现的是一种人与自然的和谐与宁静。

山顶的祖茔、山下的祠堂、议事厅、禁闭室都彰显着封建社会宗法制法天法地法先王的传统思维。

错综交叉的道路系统让初次踏入师家沟的人不知所措，但青石板铺就的外环路却是一套完整的村中主干道循环系统。先进的环形道路理念给清代乡村的居民出行带来了极大方便，也为依山而建的院落提供了完善的公共排水系统。

青石板道路的铺就使黄土高原疏松的黄土不用再经受院落雨水的冲刷，村内居民雨天出行也不会两脚泥泞。

高大的拴马桩是西环路的起点，房屋落差的加大使得驾马骑行多有不便，此处下马步行也更凸显了乡村的那份宁静，节奏慢一些或许更符合乡村的朴实气息。

主干道拐角处的房屋内凹斜角设计也在细微处体现了时人对于公共交通系统的人性化关怀，一来不会在行进中撞到院墙尖角处受到伤害，二来也为公共道路上拐弯的大型牲口提供更大的转弯半径。这种因地制宜的人性化建筑设计方案，是真正体现以人为本建筑思想的最好范例。

拍摄于 20 世纪 80 年代的道路系统已多遭破坏，不够完整。但据当地的居民要先生说（2015 年 3 月），前些日子陕西榆林的工程队用新的青石对环形道路进行了维修，完善了道路系统，看起来更加整齐。也不知是不是原来的味道，但工作无疑是值得肯定的。

除了道路等公共设施外，村内还有完善的生活类建筑。位于村口的油坊，涵辉西院的醋坊，竹笆院内的水井，成均伟望院外的马厩，环村西路路边的药铺，后人改造成猪圈的酒坊，平整的麦场，庄严的诸神庙，伟岸的祠堂，召开公会议的议事厅，议事厅背后的小型禁闭室，位于院落顶层的公共库房，这无一不在诉说着居民生活的方便与幸福，诠释着自给自足的乡村生活。如此完善的社会系统是其他小型乡村所不具备的，也是师家沟特有的。在这里，有村规乡约的约束，有公开透明的政务，有生活必需的各种设施。还有一个应该特别提到的人性化设施，那就是厕所。无所不在的公共厕所，虽只容得一人，但是其数量之多，遍布之广为乡村公共建筑之罕见。公厕大都建于主干道路边，此情此景不由想起现如今遍布临汾市尧都区主干道的干净公厕，这是不是受清初先民的启发？清初的乡村就这样人性化，这一个小小的细节让人更加不敢小瞧师家沟祖上的文化水准与公德意识，其人性化的关怀亦是如今现代化建造理念所应遵循的一条准则。

一个乡村藏书楼的出现让人对于师家沟先祖文化传承的理解更深一层。据说其中藏书被一位未中举的后人回乡后付之一炬，虽为传说但也不忍为之痛惜。

两侧开门的公共议事厅见证的是村政的公开与透明，这种特殊的建筑形式或许意味着村民对于民主与自由的理解。

作为惩罚性质的公共建筑——“监狱”，一般只出现在县一级的行政机构，乡村里的“私设公堂”也体现了村规的严明与乡约的践行。如此完善的社会系统简直就是几千年中国乡村社会的缩影，在这里几乎可以找到您生活所需要的全部信息，只要您还想去深入了解。

一个个建筑群体的结合体现的是一种人类聚居的生活状态，不同的群体风格体现了不同的建筑特色与建筑理念，这不但与建筑者的心理期望有直接关系，还与院主的审美水准与生活气度间接相关。

连院式的建筑群也许是一家人，也许是一类人，也许是相互结为连理的两家，但这两家必然是能够和谐相处的，因为同进一家门。

不同的建筑形式在这里交织，窑洞、二层楼、三进院、地窖，这几种样式几乎涵盖了晋南民居的所有建筑形式，不得不说师家沟是中国民间乡村古建筑的特殊博物馆。

成均伟望院为三进三层建筑，在师家沟算是最复杂的一个建筑院落。进入一进院是公共设施，有厕所，有马厩，有长工们的宿舍，还有通往二进院和三进院的“之”字形道路。传承着“成均伟望”的垂花门楼是进入主院落的唯一通道，门楼内侧右手的三间厢房也许正是清代佣人们住宿的地方。院落最顶层的房屋经不住时间的消磨已然倒塌，但二层和底层依然居住着他们的后代，维系着院落的完整。虽然他们已没有能力来修缮祖先的遗产，但是仍然能守得住漂亮的垂花门楼与栩栩如生的石雕柱础。“元吉”的正房门额预示着生活的幸福与美满，西厢房“明三暗五”的窑洞建筑也体现了为扩大使用面积而超越规制的折中办法。“积爱生福”与“作善降祥”的中院东西厢房也体现着居住者的做人品格与生活准则。

“大夫第”象征着权威与尊严，正门上下门额的“恒行”与“言物”彰显了居住者的生活品位，“俭养廉”与“勤补拙”的生活哲学也体现了大夫第的深沉。倒座中“德性坚定”“事理通达”“心平气和”表达的也许是居住者的做人处事原则。通头的木板雕花门窗体现出院主人与众不同的风格，正门门头的暗八仙雕饰与“尚志”体现的不仅仅是对于美好生活的向往，更多的是对于仕途的渴望！

据说这里的居住者曾经是山西巡抚曾国铨的幕僚，其家族文化影响之深远可由此可见。

如今的大夫第山门柱下是用砖头垫起来的摇晃柱础，住家称不知哪日被窃贼偷天换日将石柱础偷走。假以时日，山门必然受损严重，可叹窃者之无知，为蝇头小利而损大局，也可悲文物保护之不力，竟无追寻之后话。不禁想到，如此几年后，我们还能看到些什么？

言物

守廉

尚

心氣和平

循禮

建于嘉庆三年（1798）的“敦本堂”浮雕垂花门楼下有两通雕刻精美的方形石鼓，栩栩如生的动物神态预示着吉祥与如意。

现如今已修复一新的“涵辉”院比二十世纪80年代整齐了许多，但是少了些沧桑。位于院内的醋坊所制之物或许是山西人不可或缺的生活必需品。醋坊的规制也许是为了更适用于酿造，房间明显低矮了许多。在以务农为主的乡村社会，手工业商品的生产者或许是异于耕种者的另类，但他们正代表着一个时代的崛起。

“继志”向往着开来，通透的议事厅是从前师家沟全村决策重要事件的主要地点。正房的规制要明显高于正南的窑洞，或许这里住着的是以前村里最德高望重的老人，但是“顺时”的通透议事厅门额又彰显着中正的乡村处世哲学。

吉星高照

東山氣
萬事如意

南山寿

南山寿

進福
春暉

作善降祥

清白家风

李安庄

李安庄位于汾西县永安镇，距县城 15 千米。村中的观音阁，原名“兴源寺”，始建于唐代，现存为明清建筑。此阁依山而建，分前、中、后三进院落，前院宝阁供奉观音；中院砖窑三孔，供奉老君、地藏，一窑内龙泉水顺石灰岩层哗哗流出，清澈甘甜；后院为四合院。建筑古朴、浑厚，造型美观。古村落依山而建，房屋数量层层递建，院中套院，互相贯通，布局有致。

依山而建的两层院落至今仍然发挥着他的实用性，为李家之后的几代乃至十几代提供着较为舒适的居住环境，如何让旧院不再继续倒塌与遭受破坏已成为居住者直面的问题。

李安庄的李家院规模最大，大院门前的小河现已干涸，但门前的石桥依然是进入大院的唯一通道。由于还有后人居住，所以保存较为完好，原始的二层小楼依然残存。李安庄的两个窑洞院由于年久失修理已废弃不用，但两条石头小路依然执着地通向村边的小河，流淌着属于这座村庄的往事。位于石头路上方的是一进“留余第”院，如此懂得人生进退的院主格局亦让今人刮目。

对竹村

对竹村位于汾西县西北的对竹镇，距县城 25 千米。东临下庄村，南连下川村，西与汉峪村相邻，北与圪台头、佃原村接壤。因古时村对面青山洼生长一对秀竹而得名。相传对竹镇以前叫“凤凰镇”，传说凤凰非竹不吃，故将“凤凰镇”改为了对竹镇。村中有一座法师诸神庙，清嘉庆年间重修，为四合院布局，庙里的古戏台建筑考究，雕花精美。村中古民居多为砖木结构，以窑洞为主。

古庙简陋得没有高大的佛像，没有雄伟的宝殿，却有着更为纯净的信念和最原始的对自然的敬畏。法师、牛马王、龙王这些关系到农民切身利益的神祇并列于戏台的对面，看着对面戏台上经年的人间往事，一曲曲悲欢离合、饱经沧桑，或许这便是居民自己对自身生活的期许。戏台两侧的龙虎砖雕撇山影壁显示出一种另类的威猛与刚毅。

郭家四合院里引人注目的并不是正房而是西房。由于西房背临村里的主干道，所以房屋建筑风格有别于其他四合院的西房。院内的西房正门与其他家的建筑无异，而房屋的背面以前可能是临街的商铺或者银行，设计风格迥异。出于经营的需要，开了三个对外的临街窗口，与现在银行的业务柜台类似（也不知算不算得是银行柜台业务的雏形），客人只能从开启的橱窗外面与经营者交流，既保证了店内货物的安全性又兼顾了业务开展的方便。高墙上两个或许用于采光或许用于通风的六角窗中间有一通镶嵌的大匾，历经岁月洗礼，文字斑驳已不可辨别，或许这曾经也是一个百年老字号。

喜迎新春
事業興旺
財源廣進

对竹村的任家也是村里的大户，从雕梁画栋、环环相扣的院落可见一斑。其民居留存数量之多在村内首屈一指。“履泰”院大门口的门匾现已不存，但“仁义巷”的佳话却留传至今。

王家四合院也是村里留存不多的古院落，至今还住着人家，不断地继承和维护着房屋的完整，这也是院子没有倾颓的主要原因之一。

僧念村

僧念村历史悠久，是汾西有名的古老村庄，该村布局形似凤凰展翅。过去村里有一座规模较大的寺院，还有许多大大小小的庙宇，和尚很多，分住减善院和经堂院两地。相传有位县令路经此地，远远就听到僧人们念经诵佛的声音，随口吟出两句诗“道经僧念过，焚香佛殿上”，僧念由此而得名。村中的任氏宅院、耿氏宅院保存较好。

距离师家沟不远的僧捻村有着与师家沟同样的建筑风格，窑洞与砖雕门楼的结合以及与师家沟同样名称的“务本”院体现着临汾汾西居民共同的审美取向与理念认同。精美的砖雕与有着美好寓意的牌匾是淳朴意愿与绝佳手工的完美结合。

“光裕”院漂亮的垂花门楼依然在展现着曾经的辉煌，书箱式的门墩石也再次昭示了主人家的门第和品位，雕刻精致的荷花柱础更彰显了居住者脱尘的境界，这些历史遗存静静地待在那里，为现在寂静的山村平添了一份厚重。

“务本”的农家小院是两进院，也许以前曾住着四世同堂的一大家子，其乐融融。外院保存还算完整，但第二进院的东西厢房已经倒塌，只留得三间窑洞（正房）依然在为后人提供安静的居所。

砖雕院精美的砖雕不知出自哪位大师之手，在极少重复的前提下尽可能多地呈现一种中国古代的对称与中庸之美。砖雕的雀替与垂花门楼体现的不仅仅是一种构思上的巧妙，更多的还是一种建筑设计上的精准，在平面上尽可能多地体现立体的视角，也是一种不同于常规的设计思路。西院简洁的门楼明显低于正院的规制，体现着尊卑有别、传承有序的人文哲学。

栩栩如生的墀头砖雕人物与昂首欲飞的屋脊螭吻，也从不同侧面展现着雕刻者的非凡技艺。

茶房村

茶房村位于汾西县团柏乡西南部，僧小公路沿线，南邻枣坪村，北接上团柏，交通便利。因地处交通要道，过去来往人马常在此地歇脚住宿、喝茶吃饭，因取名茶房村。

薛家庄

薛家庄位于汾西县僧念镇。村中的薛家宅院，位于村东北，坐北面南，依地势而建，分为东西两组院落。西院创建于清康熙五十一年（1712），东院创建于咸丰元年（1851）。共建有大门3座，砖窑19孔，砖木构硬山顶房屋5栋。西院为一座院，二层存影壁。东院分为上、中、下三层，下面一层为上层的“衬窑”，有石级踏道相通。

薛家大院村头残破的小庙碑文讲述着这里不为外人所知的过去。矗立在祠堂门口的石质赵氏节孝牌坊清楚地记录了一位烈女的坚韧，牌坊角脊上的兽头依然坚固，两侧斜拉的电线也进一步证明了他的牢靠。

庙宇内通透的大殿一改当地的阴暗风格，不需要考虑保暖的神殿显得格外亮堂。拾级而上，洗涤了烦恼，增加了专注，是村民和信徒求得心理慰藉的绝佳处所。

公劉遺風

“公荆”之说或许源于卫国，此谓君子之风矣，如此气度确为乡野所少见。薛家大院依山而建的窑洞建筑类似于汾西县师家沟，规模虽有不及，但门额名称的气度不减，“遥射山光”“公荆遗风”等折射出的是一种隐于世外的士人情节，是多少哲人追之而不得的世外桃源。进得“遥射山光”门楼，一连串整齐有致的青石台阶即刻呈现，拾级而上，“公荆遗风”砖雕院门矗立面前，不同的理念与节奏展现的是不同的心理认同。遥想住在这里的先人，一直践行着祖宗遗训，世世代代在这里生存，以五亩之宅立身，以君子之道求存，留下了多少记忆，留下了多少值得回味的人与事。

蔚家沟

蔚家沟位于汾西县僧念镇，东临段村，南连贯家岭，西与阎家庄为邻，北与阎家坪接壤。属段村下辖的自然村。

蔚家沟村口券门上矗立的石雕瑞兽仿佛在守望着这里的一切，看似凶恶的双眼与吞噬一切的大嘴直冲村外，让初进村的人为之侧目。“德永固”大院大门上的铁钉已锈迹斑斑，但两边相对精致的蝙蝠纹饰依然彰显着主家的孔武有力。精美的砖雕门楼上别致的瓦饰组合让密不透风的高墙显得通透与灵动，也为紧锁的大院带来了一丝活力。

下庄村

下庄村崔家“碧霞天”的门额显示着主人的博学与对武则天的尊崇，不知是否建于唐代，但至少受到了唐代文化的影响。碧霞之名作为府第之称看似有些妄我，但也显现了作为宅主的超脱。砖雕竹节牌匾边框亦在透露着主人无处不在的气节与文人情怀。上下两大院落组成了崔家的主要聚居地，而蜿蜒小路旁边无处不在的公共厕所又一次体现了对民生的人性化关怀。磨得光溜溜的石头路上已长出了荒草，两边石砌与砖砌的高墙是对立与统一的完美结合。

下庄村的冯家祖宅显然没有崔家的大院来得气派，但冯家的窑洞连院确实也是家族聚居的一大特色。通过上下两条小路将若干窑洞院联系在一起，方便了出行也方便了沟通，更将这一家族紧密地捆绑在一起，更大发挥家族势力的影响力。

道荣村

道荣村位于汾西县永安镇。村西南的闫家宅院，创建于清同治四年（1865），坐北朝南，四合院布局，现存大门、正房、南房、东西厢房。大门面阔一间，前顶砖雕仿木檐，檐下五踩斗拱，雀替通间雕花卉，门额题“矩护高曾”。正房为二层楼阁式，上下均为砖窑五孔，上层前檐设廊。南房面阔三间，进深四椽，硬山顶，五檩，无廊式构架，主、次间均辟格扇门。

矩矱萬曾

城南掌村

城南掌村位于汾西县和平镇西北部，村庄整体建筑坐西面东，环山抱水。村里有张、郭、兰、曹、闫、赵六姓。古村落保存完好，有清乾隆年间建造的三层建筑，称为老院，还有咸丰年间建造的二进四合新院。新院由郭来仪、郭凤仪创修，郭家先祖曾在河南经商，发家后建造了让后代荣耀的居所。

前马掌村

前马掌村位于汾西县和平镇城南，东临河达村，南连城南掌村，西与回王村、柏家庄为邻，北与张家洼接壤。村中民居依山势而建，多为砖砌窑洞。

铁金村

铁金村位于汾西县永安镇。村东南的赵氏宅院始建于清咸丰七年（1857），坐北面南，二进东、西院布局。西院存大门、北房，西院东侧设二门通往东院。东院为四合院，建有北房、南房、东西厢房。大门为砖木构单坡硬山顶，面阔一间，进深一椽，拱形门框，中辟板门，仿木砖作脊檐，五踩斗拱，额枋雕人物故事，两侧设垂莲柱，后顶额枋木雕麒麟。东院北房为砖木结构二层楼阁式建筑，一层砖窑5孔，二层砖窑3孔，前有檐廊，柱头斗拱交织，木雕雀替，前设女儿花墙。

忍克濟

致和

统瑞

吴家岭

吴家岭以吴姓为大姓。村子坐落于一道山梁之上，民居依山而建，上下多达六层，建筑形式以清代四合院为主。

吴家岭名人辈出，是远近知名的古村落，最早建筑建于明代初年，村中虽人迹罕至，但其中一座庙宇保存还算完整，清代各年碑记还在记载着村里过去的辉煌。村中吴氏宅院为清代贡生吴景宪祖宅，四合院布局，正房为二层建筑。

清輝

敦本

瑞氣

光裕

下岭村

下岭村位于汾西县永安镇，东临河沟，与孙南庄村相望，南连辛家坡，西与陈家坡相邻，北与吴家岭接壤。

朱家山

朱家山位于汾西县与灵石县交界之地，民居多以黄土窑洞为主，房屋装饰偏于朴素。

朱家山古时可能是朱家之庄园，亦或朱姓聚居之地，现今多已破败，不复旧日繁华，只剩零星住户，仍在坚守。

霍州市

霍州以东依霍山而得名，西周初为霍国，秦代设彘县，东汉改为永安县，北魏曾并入禽昌县。正始二年（505）复置永安县，建义元年（528）起为永安郡治。隋改永安县为霍邑县，为吕州治，后为霍山郡治。唐、五代、宋、金、元均为霍邑县。金贞祐三年（1215）置霍州，元为霍州治，明并霍邑县入霍州，清乾隆三十七年（1772）年升霍州为直隶州。民国元年改为霍县，1958 年 5 月与汾西县合并为霍汾县，11 月并入洪洞县。1959 年 9 月复置霍汾县，1961 年恢复霍县建制。1989 年撤县设霍州市。

霍州境内铁路、公路四通八达，名胜古迹众多。霍州元代州署大堂、陈村宋元窑址、贾村娲皇庙、赵家庄观音庙为全国重点文物保护单位。境内有太岳山国家森林公园，七里峪景区、陶唐峪风景名胜区等。霍州古民居以明清建筑为主，汾河两岸以瓦房四合院为主，院墙高大，四周封闭，形成城堡，如县城的安家大院、范家大院。靠近山区的民居依山而建，院落之间多由旁门、甬道或院落相连通，高低起伏，错落有致，许村的朱家大院、库拔民居、老张湾民居就是此类建筑的典范。

市区

霍州市区的古民居主要集中在鼓楼南和城内东街南巷子一带，安家、任家、朱家、李家是过去的大户人家。清末至民国初年，安家是霍州首富，开有“生字号”商号十七座，在霍州就有几十座商铺。任家大院为霍州丝绸商人任保安于明永乐十八年（1420）所建，清道光年间后人任公远续建中院、前院。现存为清代建筑，坐北朝南，三进院布局，后来被粮食局和市民占用，成了大杂院。

粮食局

太原第

浴池
加工

安乐村

安乐村位于霍州市三教乡西北 1.5 千米的丘陵山地，距霍州市 12 千米。相传古时有一太监随皇上出巡，路过该村，见此地山清水秀，风景优美，建议皇上在此地营造安乐宫，但没建成。后人觉得此地能建安乐宫，故取名安乐村。村南存有明代庙宇。

福

代銷店
出入平安
財臨吉地千秋旺
福臨家門萬代興

北侯村

北侯村隶属李曹镇，位于李曹镇北 2.5 千米的塬面上。该村地名有两种传说，一说是因侯得名。战国时期，天下纷争，诸侯争霸，一武将因善战封侯，其封地为源头川的十几个村落，不久内部分裂为南北两股势力，南方打败北方建立了南侯，随后北方势力日渐强大，反灭南侯，迁到现址成村，故名北侯。另说是古人把某些隆起的地面和山包称作侯。该村坐落于七里峪河沿岸一线村庄的北部，地形高隆，成村后即叫北侯。村内有古建筑菩萨庙、祖师庙、关公庙。

陈村

陈村位于白龙镇，距霍州市区 7 千米，背靠霍山面临汾水，是一座历史悠久的村落。著名的霍窑（即彭窑）瓷器即产于此地。早在殷商卜辞中就有“贞霍”“其霍”的记载，其中“霍”即今霍州市陈村一带。西周初年，周武王封其弟建霍国，都城就在陈村一带。公元前 661 年，晋献公灭霍国，末代霍君霍公求逃到齐国避难，其子孙流亡各地，皆以祖先封地霍为姓，这便是霍姓的起源。西汉时在此置彘县，东汉阳嘉三年（134）改名永安县，故又有永安陈村之说。隋开皇十八年（598）改永安为霍邑，县治迁往今霍州城区。陈村即由千年古城变成了“村”，即为“城村”，因历史久远，故又称“陈村”，“陈”为古老之意。因史得名，全村以曹姓为主。

陈家窊村

陈家窊村位于霍州师庄乡以东 3 千米处，明嘉靖年间陈氏族人从霍州凤栖岭迁来居住。据《陈氏通谱》记载，陈家窊为霍州陈姓最早发祥地之一。村内有清康熙年间建筑三王庙及四座七进院落。

康熙末年，陈怀义、陈其位父子聘请建筑设计师，施工五年，建起七进院落，一时闻名四方，成为霍州声望大族。

财福双全

金玉满堂

董南岭村

董南岭村位于师庄乡东南 1 千米，由董南岭、朱家庄两个自然村组成。全村以董姓为主，因该村位于师庄乡南部的山岭上，故取名董南岭。相传，明代嘉靖年间，董氏先辈董承德携全家逃难，从甘肃陇西迁徙到师庄村，靠打长工维持生计，数年之后，在村东南的山岭处安身定居。

杜壁村

杜壁村位于霍州市西北部，属三教乡。东临霍山，北邻闫家庄，南依南李庄，东靠桥沟村，西与辛置镇接壤。因早年住户为杜姓，且古来被视为军事要地，并建有防御壁垒，古名杜壁村。电影《1942》曾在这里取景拍摄。村中的天主教堂建于清光绪年间，由英国工程师设计，占地 10 亩，历时 3 年建成，耗资 2 万两白银。

杜苏沟村

杜苏沟村位于霍州市东的李曹镇，村南的张氏牌坊，创建于清道光六年（1826），为旌表已故处士高一清妻张氏而奉旨修建。

圣教廣揚天下福
信徒齊讚主恩隆

受天福

古宜安
年年好運
歲歲平安福滿門
年年順景財源進

福

善為寶
超越時空
人
心

范村

范村位于李曹镇北 2.5 千米的平川地带，土地肥沃，气候温和。传说隋朝末年，秦王李世民带兵攻打霍州，为死守城池，隋将宋老生到处征兵买马扩充部队，时有范成章一家为逃避战乱，到此地开荒居住成村。该村以姓命名，民国时期曾和窑底村成为联村，称范窑村，中华人民共和国成立后分开，又称范村。1946 年 10 月，中共霍县县委、县民主政府曾驻扎该村办公。

凤栖村

凤栖村位于师庄村以北 5 千米处，村子坐落在坐北朝南的山坳处，原名麻湾，亦称砖窑坡。传说古时这里树木繁茂，山清水秀，凤凰常在此落架栖息，故称凤栖。村内以陈姓居多。据史料记载，明嘉靖年间，陈氏族人由河南颍川郡迁徙于此落足，为霍州陈姓最早发源地之一。村中的陈家大院为四合院布局，建筑考究。

篤慶居

用錫爾祉

贾村

贾村隶属于大张镇，位于霍州市东郊，依山傍水，交通便利，是山西省确定的社会主义新农村试点村。村中有著名的娲皇庙，还有魁星楼、状元桥、文峰塔、玄帝宫等建筑。家祠家庙建筑考究，多为清代建筑。因本村最初居民姓贾而取名贾村，现以刘姓为主。

贾孟村

贾孟村位于霍州市东北部的大张镇，距离市区 5 千米，地势较平坦，交通便利。相传本村最初居住的是贾姓和孟姓人家，故取名贾孟。

一帆風順興駿業

一帆風順

库拔村

库拔村位于霍州市三教乡西面，距市区 12 千米，与大张镇北张村接壤。全村杨姓居多，并有族谱。地形东、南、北较高，西面低洼。传说明朝年间，准备在张望村建县城时把仓库设在该村，后因缺水等原因，县城没有建成，并把仓库也拔走了，故名库拔，因史得名。村内有保存完好的明清宅院多座，多为楼院建筑，该村的威风锣鼓、秧歌表演在当地很有名气。

老张湾村

老张湾村分上下老张湾村，位于师庄乡东北部，距师庄乡 7.5 千米，北与灵石县郝家铺村接壤，东邻韩家峪，西接蔡家沟，距韩信岭十余千米，原称大会头村。2002 年撤乡并镇前，是老张湾乡所在地。

据载，明嘉靖二十九年（1550），张氏族人张中玉为避官难，只身从临汾帽儿刘村来到此地，在前湾的一孔窑里以卖“窝头”、茶水为生，故称“窝堡湾”。随着生意扩大，迁到了中湾，张娶妻生子，成了大富户，窝堡湾慢慢称作了“张家垣”。张中玉在结识清代云南道监察御史卢秉纯后，卢为其店铺书写了“老张湾”字号，名声更加显赫，店铺字号逐渐演变成了村名。随着张氏族人的增多，居住地逐渐扩展，老张湾分成了上村、下村，形成了“一户拜祖，两村行事”的村规。村中建筑延续明清格局，尤其是下老张湾的清代古民居建筑，依山而建，错落有致，高大宏伟，古庙宇、节孝坊、张氏祖坟保存完好。节孝坊为贡生张逢泰为其妻杨氏所立，精雕细刻，精美绝伦。

節孝坊
惟孝德乃大品重霍岳
其貞正而固清溢汾流
芳名流百世

欢庆新春
红联迎来平安岁
花灯喜庆幸福春

深山带水

动相伴与成功同行

大张村

大张村位于霍州东北部3.5千米处，原名大章村。最早是由胡家圪洞、李家窑湾两个自然村合成的，早年在村东有与大章村同时兴起的河壁村，随着村庄发展两村连成了一片，元代合二为一，改称大张村，有盛大开张之寓意。当地人又称“太张”，是霍州第一大村。古民居以一进四合院为主。该村东南有建于明万历年间的观音阁，已经损毁。观音阁北面是驰名霍州的大张堰。

师家洼村

师家洼村位于师庄乡北5千米处，村子建在坐北面南的山洼里，因全村均为师姓，故名师家洼。村南有一座三圣庙，里面供奉着龙王、牛羊马王、释迦牟尼和送子观音，为清代建筑。

平為福
喜氣盈門

積德聚
喜氣盈門

什林村

什林村位于霍州市区西北 12 千米处，退沙街道辖区北部，原名石子村，清代改名石茨村，皆因山河多石且长满蒺藜而名，1952 年改为什林村。南同蒲铁路穿村而过，西依汾河，与许村隔河相望，北邻晋中灵石县，西邻汾西县。全村以郭、陈、邢三姓为主。村中有清代建筑香山庙，也称什林西庙。每年农历二月初二逢庙会。

西张村

西张村隶属霍州市大张镇，位于大张镇西部，东望大张村，南邻李诠庄，西接小张望、狮子洼，北连贾孟村，全村由大西张、小西张、前河村三个自然村组成。因位于大张村西而得名。西周末年到春秋初年，因有韩姓贵王驻守此地操练兵马，此地称为贵王堡，后在群雄混战中韩姓贵王被灭，此堡改称黄土寨。

吉祥如意

吉星高照
致富財源

万事兴

下乐坪村

下乐坪村位于霍州市区东5千米处，东邻杨枣、沟东，北靠大张、靳壁，西连贾村，南接河底。三条河水在此交汇。村中庙宇众多，民居多样，最有气魄的当属地处段家沟的段家大院和大十字的薛家大院。段家大院由27座青砖蓝瓦四合院组成，鳞次栉比，错落有致。座座房屋上下畅通，户户院落左右相连，每座院落院门一关，便是独门独户，自成体系，但偏门旁道一开，又户户贯通，来往方便。薛家大院为二进四合院，高门大院，砖雕、石雕独具匠心，技艺高超。

祥光入户纳千祥

活动室

许村

许村隶属霍州市退沙街道办事处，位于县城西北8千米，全村以朱、范、张三姓为主。村庄形成于夏代，文化底蕴深厚，现存文物古迹15处，明清建筑9处，其中清代民居朱家大院保存完整，最具特色。许村古代曾是霍州和汾西通商的重要渡口，2014年被评为山西省文化古村，2014年11月列入第三批中国传统村落名录。

山如画

窑底村

窑底村隶属李曹镇，距市区 25 千米，地势平坦。相传这里曾是尧王的领地，故称“尧地”，后有郭、王、刘三姓相继迁入成村，逐渐演变为窑底。

德為鄰

均和安

慎俭德
迎春接福
迎春迎喜迎富贵

彭城第

赵家庄村

赵家庄村隶属霍州市开元街道办事处，紧邻李诠庄村，北涧河社区，开元街贯穿东西，是一个具有深厚文化底蕴的村子。村东南的观音庙是村子的标志性建筑。观音庙是集儒、释、道为一体的典型寺庙综合建筑，2006 年 5 月被定为第六批国家级文物保护单位。

退沙村

退沙村位于霍州市城北5千米处，退沙街道办事处辖区。退沙村古称仁义村，明代霍州设仁义都于此。明成化年间，汾水泛滥，冲毁良田并危及村庄，为求镇汾止水，改名退沙村。全村以蒲、何、李、赵四姓为主。退沙村古有武术之乡美誉，高跷、小跷源远流长。村中有明代建筑鼓楼，清代建筑大悲庙，古村落以鼓楼为中心，多座四合院分布四周。

安樂居

源头村

源头村位于霍州市东部，隶属李曹镇，距市区 9 千米，北与杜庄、北侯接壤，西与靳壁连接，南与李枣隔河相对，东与鸭底相连。交通便利，土地肥沃，素有“米粮川”美称。因村西的梨湾河与村南的七里峪河汇聚于村西南，并称为南涧河，古人称为彘水之源头而得名。

位素行
萬事亨通

师庄村

师庄村位于霍州市北部 12.5 千米处，为乡政府所在地。最早由师姓人家建村而得名。玉霍公路穿村而过，村中有康熙年间建造的玉皇庙，魁星楼建于嘉庆六年（1801），公路旁的五槐寺毗邻古驿道，由于来往的车马行人常在此小歇、饮茶用餐，久而久之，人们便习惯地称五槐寺为茶房，一直流传至今。该村自古为军事要地，古驿道穿村而过，现存有驿站、茶房、烽火台等遗址。

洪洞县

洪洞县位于临汾市区北部，临汾盆地北端，东隔霍山与古县为邻，西靠吕梁与蒲县交界，北与霍州、汾西相连，南与尧都区接壤。总面积 1494 平方公里。辖 9 镇、7 乡，总人口 73.3 万人，为山西第一人口大县。

洪洞，西周为杨侯国。春秋时为晋大夫羊舌肸食邑。晋顷公十二年（前 514）置杨氏县，秦、汉、三国魏、晋为杨县，北魏并入禽昌县，后复置。隋改为洪洞县。赵城西周时为赵邑，义宁元年（617）分霍邑县地置赵城县，历代不改。1954 年 4 月两县合并为洪赵县，1958 年 11 月与霍汾县合并为洪洞县，1959 年 9 月霍汾县分出，仍名洪洞县。

广胜寺、辛北村玉皇庙为全国重点文物保护单位，“洪洞大槐树”是明初移民的集散地。

洪洞的古民居多粗犷雄浑，四合院式的楼院较多，看上去形如城堡，四周为封闭式砖墙。砖雕装饰较多，门楼、照壁、影壁、花墙多为砖雕、砖砌，间有木雕、石雕点缀。万安刘家宅院、苏堡刘家宅院、上寨李家宅院等皆为民居典型。洪洞的民国建筑多为四合院建筑中融入西式装饰，如赵城张瑞玑旧居等。

县城

六百多年来，“问我祖先在何处？山西洪洞大槐树。”的民谣使洪洞大槐树成为华人寻根问祖的主要目的地。广胜寺飞虹塔、赵城金藏、元代戏剧壁画、唐代古柏让这里留下了深深的历史痕迹。“苏三起解”的苏三监狱是距今保存最完整的一座明代监狱，但在平阳大地上还有唐代的监狱等着我们去进一步发现。

县城大槐树旁边的小院已修葺一新，专供游客欣赏过去的农家生活。风水楼繁复的建筑样式为旁边的大槐树增添了别样的精彩，还没有全面整修的三层式连体钟鼓楼华丽的屋顶也彰显着根祖文化发祥地的威严。

赵城

赵城，洪洞县北部赵城镇所在地。赵城历史悠久，唐虞、夏、商时属冀州之域，西周时为赵国，秦统一六国，赵城属彘县，汉阳嘉三年（134）改为永安，隋义宁元年（617）始置赵城县。1954 年 7 月 1 日洪洞、赵县合并为洪赵县，1958 年改称洪洞县，赵县遂改为赵城镇。赵城因西周穆王封造父于赵而得名。

赵城民居以四合院为主，尤以赵城西街的张瑞玑旧居最为气派，又名“谁园”。分南北两院，南院现存东、西厢房，西厢房两侧存绣楼及书房，北院为四合院，建有院门、北房、南房、东西厢房。北房为二层砖券，庑殿顶，前檐设木栏，装饰具有西方建筑风格，是典型的中西合璧式建筑。西街还保留有张琴宅院、贾家宅院、张家宅院、张示德宅院、郭家宅院、狄丙星宅院和龙王庙建筑。东街保留有文庙、刘家祠堂。南街保留有王家宅院、魏家宅院、卫克久宅院、卫典宅院、柴家宅院、傅家宅院。北街保留有关帝庙和龙章世显牌坊。东街还保留有清代四合院一套。

如人意八方

修缮整齐的张瑞玑旧居干净整洁，门内的正房为二层小楼，有明显的民国范，一楼两侧影壁的“酒国”与“书城”体现了这位山西籍进士波折的无奈人生。“谁园”中西式风格的“近云梯”和“通花径”暗合当时社会的剧变，“迎辉轩”内原为小姐的独立绣楼，绣楼顶部镂空雕刻的屋脊正寓意小姐的聪颖通达。

書城

書城

近雲梯

“祥云第”与“雄心壮志”院还居住着村民，房屋保存较为完好，浓郁的乡村气息扑面而来。这里留住的不仅是乡音，更是那一缕游子的思乡之情。

金牛送福
金牛招财财源广
紫燕迎春春满园

雄心壮志
虎年大吉
虎跃龍腾

安貞吉

門容駟馬

正谊巷

氣好萬事如意
源旺百福臨門

常家沟

常家沟因常姓始居于此，故名常家沟。位于万安镇西部，地处丘陵，东临太阳凹，西连兰家节，南与木凹村为邻，北与白村沟接壤。全村现已移民。唐朝时村名为石瓦沟，后因地震，村中大多数人迁出，清嘉庆五年（1800），姓常、姓史的民众从邻村迁来，因常姓人口多，改名为常家沟。

常家沟村繁茂的古树见证着历史的悠久，保存完好的史家院完全被其覆盖，虽然枝叶每年都有生有落，但根依然还在这里，从来未曾移动过！

石止村

石止村位于洪洞县辛村乡北部，紧靠汾河西岸，发洪水时，石随水流，但到石止一带，汾河河床变阔，水流变缓，乱石不再往前滚动，逐渐沉到河底，故名“石止”。村中的小北门尚存，尧月楼建于明万历七年(1579)，清代重修。崔家宅院、王家宅院、董家宅院多为清中后期建筑，四合院布局，结构古朴，富有地方特色。

石止村的古民居保留较多，但最为吸引人的一是“唐风古俗”的门额，二是西式花样的门楼。这两种建筑上承中国传统之古韵，下启西洋东渐之新风，两种文化理念共同融汇于村里的民居风格之中，看来开眼看世界的并不仅仅是严复一人。

范村

范村位于洪洞县曲亭镇北部，东临安乐村、张村、敬村，西连秦壁村，南与薄村为邻，北与古县村、董寺村接壤。范村为杨侯国故城遗址。史书记载，范村于周时为杨侯国，伯侨所封，后灭于晋。春秋时为晋悼公之弟的食邑之地，后为羊舍氏食邑之地，秦汉为杨县。一说，春秋时，该村出了一位颇受国君宠爱的羊舌大夫，在一次面君会上，国王赐他范姓，全村深感光荣，故将村名定为范村。村中现存的先师寺创建于元大德二年（1298），清康熙年间重修。

西步亭村

西步亭村位于洪洞县万安镇北部，东连东步亭，西与枣坪、坡里村相连，南临南步亭，北与辛村乡高池村为邻。相传，东汉时一将军率军经此，下令骑马者牵马步行，徒步者脚下留心，伤禾者斩。为纪念此将军，村民在其训话处建亭，名步亭，因该村居步亭之西，故名西步亭。

九疇

洪範

西崔堡村

西崔堡村位于洪洞县龙马乡西南端，北接下沟村，东连西李家庄，南与苏家庄相邻，西与景村、尧都区车辐村接壤。相传，古时有崔姓居住于此，为防盗匪，村中筑有堡墙，故名崔堡。明末陕西米脂县王氏迁于此，住原崔堡之西，村庄不断扩大，此村偏西，故名西崔堡。

西崔堡的“寿”字院之砖雕独具特色，不同形状的寿字砖雕共同统一于正房的门额之上，既是装饰的花纹又是文化的积淀。

历经岁月沧桑的门当石正在诉说着福寿院过往的历史，百福百寿祈求的或许不单单是人生的平安，也许还有一种更深的寓意！

张家庄村

张家庄村位于洪洞县苏堡镇，东接古县段家垣，西邻石凹里，北接侯家安，南与晋家山接壤。

张家庄的三层魁星楼与“耕读传家”“浓茂书香”两院用各自不同的建筑形式展现着张家庄的历史传承。

自行车

四季平安
137

东尹壁村

西尹壁村

尹壁村位于洪洞县苏堡镇，在涧河南岸。尹壁村历史悠久，据说建于春秋时期，相传原名东师村，北魏时期这里叫“东明神”，清康熙年间，涧河发水淹没良田，村人筑坝防水，把水引开，逼其改道，遂改名为引逼村。后来尹姓人多，掌了村权，改为尹壁。中华人民共和国成立后因村子大，分成了四个村，即东、西、南、中尹壁村。

西尹壁李家宅院，为一进四合院布局，清乾隆五十年（1789）重修，现存北房、东房。西尹壁马家宅院为二进四合院布局，建筑结构严谨，砖雕木雕精美，富有地方特色。

西尹壁村李家“耕食凿饮”的门额更多地体现了法天法地法自然的哲学思辨，而另一座西式门楼风格更贴合院主的审美要求。龙凤呈祥的精细砖雕，八字影壁上隐藏着太多的传统图纹样式，这些都需要我们静下心来去慢慢解读其中蕴含的美好寓意。

西昌村

西昌村位于洪洞县万安镇西部的姑射山下。原名西庄村，后村庄扩大，取昌盛之意，改为西昌。东邻樊村，南与浅沟、西堡、东堡交界，西面靠山，北与下村隔沟相望，毗邻洪桥公路。村中有文昌楼、关帝庙、玉皇庙、娘娘庙等历史古迹。明清四合院建筑群保存较好。

透过史家大院的二层楼院，可见当年西昌院落的高大气派。史家在清嘉道年间以贩盐致富，随后在村中大兴土木，建宅修房。史家大院由多座院落组成，因地势而建，有坐北面南的二进前后四合院和一进四合院布局，也有坐西面东的二进四合院。现存影壁、大门、二门、正房、东西厢房。主院正房为“窑上窑”结构，即在窑上建窑。东西厢房为二层砖木结构，建筑结构别致，雕刻精美绝伦。

西昌村耸立的魁星楼预示着这里文风的鼎盛，高浮雕精美夸张的庭院柱础更透视出了工匠手法的细腻。

一帆风顺

北马驹村

北马驹村位于洪洞县龙马乡南部，距离县城 10 余千米，东临白石村、杜戍村，西与东崔堡、南台村相连，南接南马驹，北与南龙马村接壤。传说古帝尧王访贤，决定将自己的职位传于舜，并将自己的两个女儿娥皇、女英嫁于舜为妻，不料引出了姐妹争当大娘娘的麻烦，虽多方比试，委实难决，最后决定，结婚当日，先到历山者为娘娘。结婚当日，娥皇乘车，女英骑马，按自己选择的路线，向历山而去。女英马不停蹄，人不歇脚，飞奔了二十余里，前面出现了一条小河，女英所骑之马原是一匹临产之马，蹚水过河后，站立不前，继而起卧不宁，当即产下了一匹马驹，从此小河北边的这个村庄就叫北马驹。北马驹自古以来南北通衢，人烟密集，明代曾为洪洞西南重镇，中华人民共和国成立初期，保存完好的古建筑多达 25 处，其中古戏台就有 3 个。

北马驹村建于道光五年（1825）的戏台与小庙保留还算完整，另外一处有明代风格的古庙就显得更为精致，与大殿正房相接的四脊重檐方厅虽然歪斜但仍不至于倒塌，圆形的砖砌台阶方便了多人的出入，也彰显着普照四方的慈悲！

高高的民居门楼看起来更像防御外敌的碉堡，但以青砖铺地的相邻小院更多体现出曾经居住者的安逸。

此处的“屡丰年”乔家大院比不得“汇通天下”的祁县乔致庸家那么气派，但严谨的规制依然散发着中国士人特有的修养，“修身”“齐家”的格言被雕刻于正房两侧侧门的门额上，时时提醒着家人的日常行为。屋顶滚落的赤角通脊还在房檐残留，但依然高耸的神龛还在看护着这里的一切。拆毁后的大院正房露出两只空洞的大眼，仿佛是对后人拆迁行为的怒视，但千百年来，我们夜以继日地做着同样拆建的工作，也许我们更应该征求一下他们的意见。

南马驹村

南马驹村位于洪洞龙马乡西南部，东临杜戌村，西连景村，南与尧都区东郭村为邻，北与北马驹接壤，原名马驹村，村子扩大后，分成南、北两村，因地处村河之南故名南马驹。

高耸的追远石碑记录了南马驹村先祖之功德，也为村里的后人提供了祭祀的指引。保留并不完整的村内居所还在发挥着应有的作用，流传着那一份关于先祖的传说。

西梁村

西梁村位于洪洞县万安镇，东靠东梁村，西临温家庄，南连龙马乡塾堡村，北接万安村。相传以前有梁姓兄弟来此开荒种地，繁衍生息，形成村落，取名为梁村，后村庄扩大分为两村。西梁与东梁系为一村，该村居西，故名西梁。

韩家庄

韩家庄肯定是出过一位懂风水五行的高人，三层的攒尖顶风水楼不但有振兴文风的作用，在战时更可以作为哨塔关照居民的安全。

破旧的歇山顶鼓楼也许早已失去了报时的作用，但历史的沧桑依然附着在倒塌檐下的石碑之上。

笑容可掬的莲生贵子砖雕显现了儿时的纯真，耕读传家的木头雕花门楼再现了居住者的家风。大门两侧的“双喜”浮面砖雕代替了日常悬挂的灯笼，院墙上的“寿”字镂空花纹寄予了对生命的敬重，大门出檐两侧的“吉”字嵌入式设计更寓意了生活的美好，这样毫无违和感的组合让这栋大门显得特别出彩，异于别家。

涧西村

涧西村的民居长于瓦片的运用，整齐划一的通瓦屋顶配以大朵的正脊雕花显得简洁而大气。院墙顶层层叠的瓦片组成了不同的花色，既装饰了沉闷的石头院墙，又再现了来自民间的精巧构思。

历山

历山的神庙现已修建一新，雄伟的宝殿再现着昨日的辉煌，极高规制的建筑昭示着作为远古人王的威严。

西仪村

西仪村高大的真武楼护佑着全村的民众，破败的张氏民居依稀还能分辨出从前的繁华，村里的老槐树见证着这里的过去，也注视着现在发生的一切。

马牧村

马牧村许家大院规模较大，许家在抗日战争前为赵城县第一富户。许家发迹于清乾隆年间，从酿酒经商的小康之家渐成大富之户，商号遍布洪赵二县。其中设在马牧的就有源泰当当铺、泰丰恒粮店、复长盛酿酒坊、鸿盛裕榨油坊及药房、赁铺、帐铺等多处。马牧由于地理位置特殊，历代商贾云集，故有“马牧马牧发大财，一年一年唱八台”的景象，实为少见。

上舍村

上舍村位于洪洞县西，万安镇西南方向。村东、村北有洪历路环绕。东临温家庄、铁炉庄，南连西乔庄，北接韩家庄，西与石家庄接壤。古制三十里为一舍，此地距洪洞正三十里，地势高，故取名上舍。村中魁星楼建于清代，龙王庙创建于清康熙四十六年（1707）。

上舍村自治公所两侧的对联分外引人注目。“读孔氏遗书惟爱春秋”“存汉室正统岂容吴魏”横匾为“自治公所”。这里体现的是非正统的“帝力”与我“何有哉”？自收自治的自耕农以读书为乐，此乃大乐。如此公开地正名自己的汉室正统地位，也不知村里的祖上是刘姓的哪位后人。至今残存的攒尖两层风水楼也许便是那位汉代皇室后裔的杰作，在以前，门楼也许是进村的唯一通道，但濒临倒塌、年久失修的现状又彰显了如今的无助。

各家大院的方形石鼓再次证明了书香传家的普遍认知，撇山影壁上的“出作”“入息”更昭示了农耕生活的“安且吉”，喜上眉梢的座山影壁带来更多的是对未来美好事物的向往之情。

安居乐业
一聲爆竹庆民康國泰
三杯美酒祝人壽年丰

师村

师村位于洪洞县曲亭镇东北部，东临韩略村，西连薄村，南与吉恒村、同上村为邻，北与东张村、敬村接壤。春秋时晋国的音乐大师师旷大夫即出生于此，晋平公赐他为舞乐之师，后人称他为师旷大夫。师旷是我国的音乐鼻祖，为了纪念他，后人将村名定为师村。村中的范家祠堂创建于清光绪三十二年（1906），二进前后四合院布局，现为村委会所在地。村中还存有清道光二十八年（1848）创建的王生春宅院，创建于光绪年间的范文藻宅院和申艺之宅院等。

师村的范家院和申家院还保留着原来的规模，但年久失修的门楼正在诉说着这里的荒凉。申家院西院还住着家户，所以院里还算干净，但废弃的相邻大院却是杂草丛生，只有墙上“自力更生”“艰苦奋斗”“发奋图强”的时代烙印仍然传递着历史的信息。

师屯村

师屯村位于洪洞县明姜镇，东临下柳村，南连太吉村，西依孔家滩村，北与南社村接壤。相传，古时在此屯过兵，后师姓来此居住，故名师屯。一说师是有文化的意思，屯是有文化的人集中之地，故名师屯。

罗云村

罗云村位于洪洞县西北方向，隶属刘家垣镇，地处丘陵地带，西高东低，南北濒临沟壑，罗云山脉横亘村西。罗云古称“西罗”，传说是北宋开国皇帝赵匡胤故里，宋人因西罗曾出过赵匡胤、赵匡义两位真龙天子而更名为罗云。清代属赵城县罗云里。抗战时期，赵城县政府在此驻扎，1947 年洪赵联合政府驻扎此村。

罗云村古建民居保存完好，街巷布局井然有序，有宋元街巷遗风。康熙五十九年（1720）在东门遗址处重建的“飞云楼”高 15 米，至今保存完好，楼分两层，砖木结构，造型美观，气势雄伟。村内居民以贾姓为主，传说为赵王室后裔。赵匡胤诞生的虎峪沟痕迹尚存，为罗云的一大奇观。

罗云村保留最为完好的院子是贾氏民居，“诗礼传家”的贾氏一族或许早已脱离了“耕读”层面，“衣食足而知荣辱，仓廪实而知礼节”，从这一方面来说，贾家无疑有着更高层面的精神追求。建于明代的院子里还残存着当时的照壁；乾隆五十三年（1788）的门楼虽然已有部分倒塌，但主体还保存完好；院内的院楼雕筑精美，宽大的门窗有着更大的透光和通风功能。

建筑精美的小教堂不知为多少村民寻得了心理上的安慰，完好无损的“对阳楼”也不知经历了多少个冬夏春秋，“枕流漱石”的门额更显示出居住者的超脱。

穿过罗云村西堡子门便看到了另一支贾氏的民居院，保留完好的院门完全由立体裁剪而成。门口的对联暗示我们教堂建筑的由来，但整齐得有点过分的创意侧面门楼却再一次警醒了世俗的眼光。可惜院内精美的立廊二层主楼已然倒塌，但残留的廊柱依然在坚挺着昨日的风华。

杜戌村

杜戌村董家人称晋南八大家之一，盛期延续二百余年。建在村东永乐堡上的董氏民居共计有四合院 5 座，书房院 3 座，花园 1 处，总面积达 20 亩，为书画大师董寿平故居。

董氏民居依然居住着他们的后人，平整的水泥地尽显居住者的勤劳。房屋门口的搓衣板与窗台的绿色盆栽表明了女主人的日常生活，明净的玻璃窗户为生活在里面的人提供了更充足的阳光，但是不知替换下来的旧窗棂是否安在?

长命村

长命村位于洪洞县龙马乡西部6千米处，地处丘陵，东临岳柳村，西靠青龙山，南接郑家寨村，北与张家庄相连。相传何姓在此村定居最早，曾名何家庄，后因发生大地震，伤亡很大，仅有少数幸存，认为命长，故名长命村。一说是以前居住在这里的人，活的岁数大，故名长命村。清代至民国，村民多从事商业活动，如辛家曾在平阳府开设大商号。辛亥革命时期跟随温寿泉举行太原起义的陈玉麟，就是该村人。

北铁沟村

北铁沟村位于洪洞县苏堡镇东，洪安涧河北岸，与古县相邻，省道沁洪公路穿村而过。全村以王姓为多。传说古时此地人烟稀少，野兽横行，村里人便铸铁狗，以示镇邪，并将村名定为铁狗。后来有个秀才觉得狗字不雅，又依地势多是山沟，故改名为铁沟，由于村庄扩大，分成了南、北铁沟。村中的王氏祠堂保存完整，为武略左骑尉王堃于清同治元年（1862）创建。王堃宅院创建于清同治六年（1867），一进四合院布局，二层砖木结构。村中的三结义庙创建于元延祐元年（1314），明清两代多有修葺。

山林含芳

北铁沟村里的大院门楼保存还算完整，“山水含芳”“鸢飞鱼跃”“华野流风”至今还屹立在这里。

王家的祠堂虽然已不再岁岁祭拜，但保存依然完好，完整的封闭式院墙作为圈羊的场所也算物尽其用，倒座加门楼共用一脊的建筑形式在当地亦不少见。

王家宅院里正房一层与二层的内通式设计颇有意味，不但意味着出入的方便也关乎家人的安全。但二层或许更多是作为明堂之用，不以居住为主要考虑。

安乐村

安乐村位于洪洞县曲亭镇，东临尹壁村，西接范村，南与张村为邻，北隔涧河与古县村接壤。相传该村有座安乐庙，据该村安乐庙碑记载，唐王李世民负重伤，孙思邈为唐王治病，路过此村住了一宿，因为走得急，还丢了一只靴子。后孙思邈被李世民封为安乐真人，村民为了纪念这位名医，遂将此村定为安乐村。

安乐村建于道光十三年（1833）的郑家大院主楼明显低于建于康熙四十七年（1708）的规制。没有精美的石雕与石刻，但是整齐的做工和高耸的门楼依然保留着历史的痕迹。

东李村

东李村位于洪洞县曲亭镇东北部，东临韩略、柏村、原上村，西接张村、师村，南与师村、南庄为邻，北与尹壁接壤。相传该村先有李姓居住，故名李村，后因同名村较多，地址又位于县城以东，故名东李村。村中的王家宅院为清代建筑，二进前后四合院布局，设计精巧，砖雕细腻。

郭盆村

郭盆村位于洪洞县苏堡镇东 3 千米处，洪古公路穿村而过，属于丘陵地区，东接北铁沟，西与苏堡村相连，南与曲亭镇相望，北与茹去村分界。地形地貌周围高中间低，象“锅、盆”的样子，故名锅盆村，后有一郭姓居住于此，嫌锅字不雅，遂改锅为郭。村中的成家宅院二进四合院布局，北房建于明嘉靖四十二年（1563），其他为清代建筑。成家祠堂为清光绪五年（1879）重建。唐家宅院为清代建筑，二进前后院布局，整体为石砌窑洞，用砖木加以修饰，颇具匠心。村中还存有东岳庙和戏台等古代建筑。

建于乾隆十四年（1749）的郭盆村成家大院层层重叠，进入院内，四面高墙的四层主楼顶层已坍塌，但坚固的三层底座建筑依然发挥着他的作用。小得只容一人进出的主楼大门更多是为了防御流寇的入侵，保护家族的安全。

景村

景村位于洪洞县龙马乡西南端，东北连接苏家庄，西为尧都区车辐村，南与尧都区魏村相邻，北与西崔堡接壤。景村地貌平缓，房舍整齐，树茂花繁，景色宜人，故名景村。

景村民居以雕花见长，不管是祠堂正房的木雕还是段家大院的砖雕，都极尽能事，就连窑洞院的券伏也有精美的砖雕纹饰。庙宇的正脊和垂脊皆有不同的精美雕饰花纹。只有“农茂书香”的普通人家略显质朴本色，极简极素。

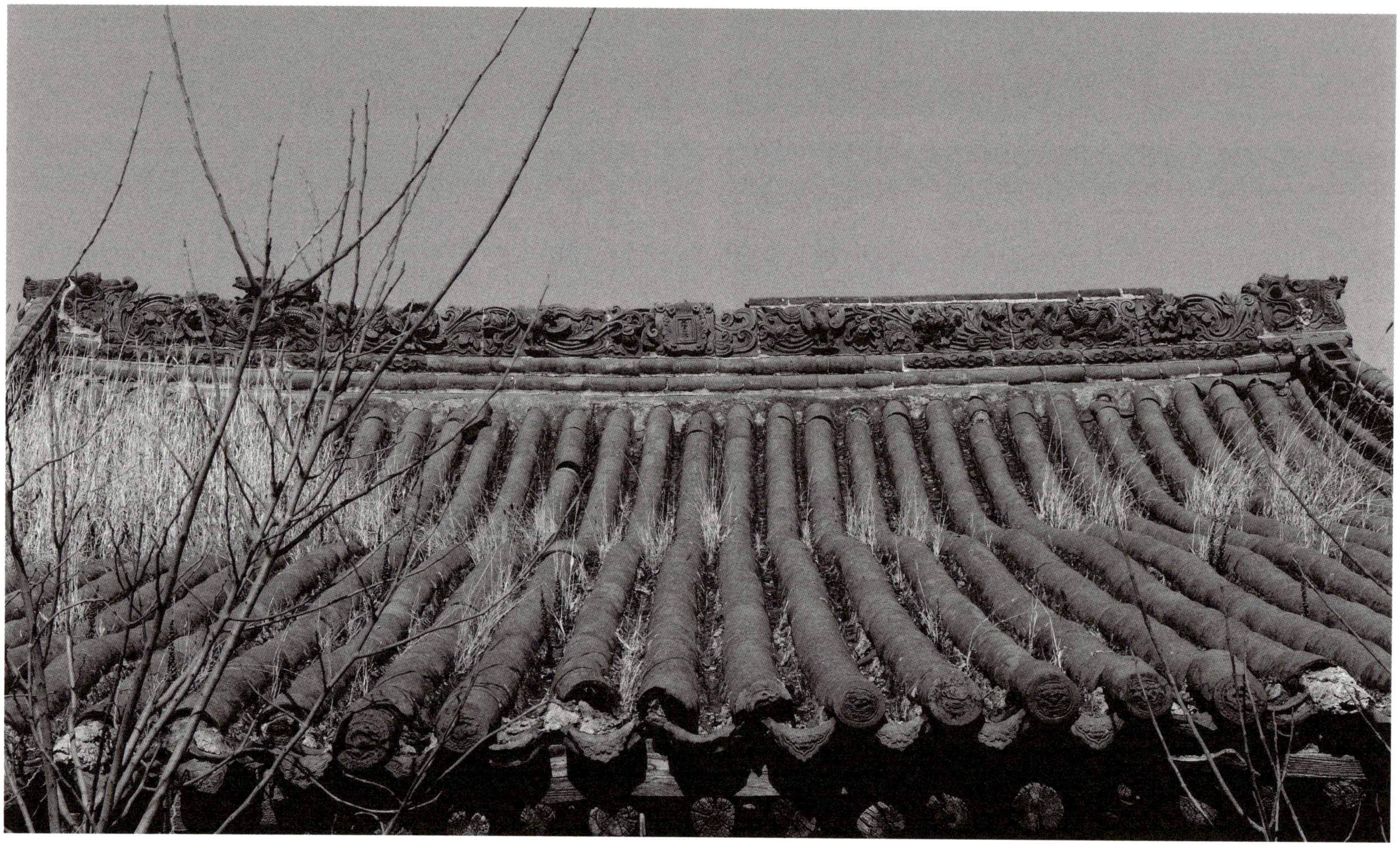

段秀昌于乾隆六年（1741）所建的段家大院可谓极尽砖雕之能，精美的雕花环绕四合院，用“雕梁画栋”形容一点也不为过。就连屋脊中间的镇宅神龛都雕刻有精细的门窗，镂空的双层神龛顶上盘曲着的不知是狴犴还是狻猊，但总之是看家护院的神物。

刘家垣村

刘家垣村位于洪洞县西北部，刘家垣镇所在地，东临西义村，西连三峪村，南接西梁村、楼村，北与舞阳河为邻，距县城 25 千米。相传，元末明初，陕西米脂县瓦窑堡村刘天常伙同几户老乡为躲避战乱逃到此地定居，因三面临沟，中间地势较高且平坦，故取名为原上村。明朝万历年间，其他几户相继迁走，只剩刘姓一家，遂改名为刘家原，清咸丰年间改刘家垣，沿用至今。

刘家垣独特的民国门楼显得特别惹眼，也许在民国出过一位能人，故将门楼修建一新，以彰显家族气势。但斑驳的石雕柱础一下子将思绪拉到了更远的年代。刘家垣“百忍为福”的门楼正为后世儿孙昭示着做人的道理。

禎祥

普安村

普安村位于洪洞县万安镇西北方向，普安曾名上庄镇，光绪三年（1877）大灾后，幸存数户在此烧瓦为生，更名烧瓦庄。民国时，该村有一人跟随傅作义做事，通过行政院将村庄改名普安，期普遍安康之意。村中存有关帝庙、风水塔。崔家宅院建于民国二十一年（1932），一进院布局，占地453平方米，现存正房、北厢房，正房为二层建筑，正房下层砖窑五孔，明间门楣额有“嘉乐堂”字样，二层砖木构，面阔三间，硬山顶，柱头斗拱交麻叶，雀替通雕花鸟。

普安村的刘家大院既可“居之安”，亦可“眺汾流”。楼院主楼二层出檐部分的花鸟木雕挂落极为精致，楼院左侧的西式影壁更是独具特色，中西结合的建筑风格让这座充满中国元素的大院里平添了一抹异域的亮色。高耸的围墙顶端再现镂空的瓦片组合纹饰，使不同高度的门楼与院墙形成了统一的风格。

上寨村

上寨村位于洪洞县曲亭镇东北部，东临李家垣村，西接沙掌村，南与淹底乡武家庄村隔曲亭河相望，北连碾道湾村。上寨村在古时有寨，四周驻防以防外敌、野兽侵袭，村民都居住在寨子的上面，故名上寨。上寨村村训、家规自古严谨，多从严治文，人才辈出。现存古建筑多为明清所建，沿山坡曲折分布，屋舍规划有序。村中的李家宅院、郭家宅院、卢家宅院多为清中后期建筑，古朴典雅，富有地方特色。尤以李家宅院“九间楼”立意巧妙，结构奇特，规模较大，华丽精致。

上寨村的堡垒式民居原属李家，同气连枝的兄弟一起建成了可供几代人栖息的圣地，但后人的一堵围墙让这本应该在同一屋檐下的一家人各自为政。庄严祠堂的隔扇门与上槛的九片走马板暗示着与皇家规制的联系，村门口节孝坊上竖立的“圣旨”二字又为李家沾上了不少的宫廷气息。节孝坊上精致的砖雕人物与花鸟相映成趣，一起守候着这位“操凛冰霜”的诰命夫人。

苏堡村

苏堡村的刘家旧院虽然坍塌殆尽，但是从遗留的墙壁痕迹还能看出层叠的房屋之多，想想房屋倒塌之前的景象，那得住多少户人家。

苏堡村刘家为商官世族，其兴衰与清朝相始终。以盐商闻名的刘家居家勤俭，轻财尚义，康熙年间，刘家出资四千两白银修缮洪洞学宫与孔庙，又修洪洞南石桥，费银二万余两。康熙辛丑大饥，慨捐白银二万两，出粮二千石，可见其财力雄厚。

刘家大院的八字影壁砖雕繁复，大量的浮雕让影壁显得极为精致，也给正中影壁中间的空白留下了更多的遐想空间。屋脊上的花鸟立体砖雕活灵活现，为沉寂的大院带来了持久的活力。

西乔村

西乔村又名西乔庄，位于洪洞县万安镇西南方，与龙马乡接壤，东临贺家庄，西靠张家庄，南接下沟村，北与上舍村接壤。相传，早年此村文盲多，一乔姓人请了教书先生，腾出房子当课堂，兴学育人，人们感激，遂以乔姓为村名，称乔庄。后依方位改西乔庄。村中现存文庙为明代建筑，娘娘庙为清代建筑。

“诗书继世”的西乔村依然对天神有着与生俱来的敬畏，木雕挂落精美的小庙里彩绘十分精致，体现的是人对神祇居所的心灵关怀。

万安村

万安村村口刘家的“四世崇封”牌坊昭示着刘家“累代恩荣”的优越感，刘家大院里“视履考祥”的门额与众多绘有人物故事的砖雕流传着刘家累世皇恩的荣耀。

累代恩榮

村里娘娘庙的献殿里早已没有了门窗，但主殿紧锁的大门告诉我们这里还有人管理，旁边高于主殿的东大殿或许还关联着更多关于刘家的传说。

書畫船

視履考祥
五福臨門

万安刘家从济南开办“洪茂盐店”起家，因盐致富，在康熙、雍正、乾隆三朝相继在冀、鲁、浙、闽经营盐业。刘家三代中有多人因捐输被封官衔，有的还担任了实职。从乾隆到道光年间，刘家在万安村相继兴建了头宅、二宅、三宅和花园、花墙院共计365间。三处住宅均有书房，“知足留余”的二宅书房至今保存完好。

古县村

古县村位于洪洞县城东 7.5 千米处，隶属苏堡镇，洪古路穿村而过。北魏太和二十一年至隋义宁元年（479–617）间，曾为杨县置，故名古县村。村中的文庙始建于明万历八年（1580）。村中的陈家宅院，创建于乾隆四十四年（1779），一进四合院布局，现存北房、西耳房。卫家宅院现存较好的有两座，一座建于清代，为一进四合院，现存大门、西厢房；一座为二进前后四合院布局，创建于清道光三年（1823），大门和影壁雕刻精美。

安平季四
67
福旺財旺運氣旺
家興人興事業興

蜀村

蜀村位于洪洞县城东 10 千米处，村子狭长，背靠九箕山，南临洪安涧河，俗称“三里蜀村”。相传古时，蜀村森林茂密，遭遇了一场大火，烧了几天几夜，仿佛把村子烧熟了，故名“熟村”，又称凤阳村。一说唐朝进士韩仙君，四川人氏，来此居住期间，为解除百姓疾难，勤奋施政，刻苦研医，名噪一时，人们为追思纪念这位拯救生灵的神医，取四川简称“蜀”，改凤阳村为蜀村。村中的韩家宅院为清代所建，一进四合院布局。乔家宅院创建于乾隆年间，一进四合院布局。孔家铁裹门创建年代不详，面阔一间，进深三椽，硬山顶，四檩前檐廊构架，大门以铁皮包裹，通面施乳钉，在民居中较为罕见。

西姚头村

西姚头村位于洪洞县万安镇西，东临东姚头，西连左家沟，南望涧西村，北邻康家坡。相传，汉时万安小南门外，有姚姓善烧陶瓷，由其牵头在此地烧窑，人称姚头儿，因而得名姚头。村子后被洪水冲为两段，居西的为西姚头，居东的为东姚头。村中的马王庙为清代建筑。姚家宅院为清代建筑，一进四合院布局，现存影壁、大门、正房、东西厢房，为典型的北方窑洞式四合院。

與時俱進
耕讀傳家
東來紫氣西來福
南進祥光北來財

南社村

南社村位于洪洞县明姜镇中心，与中社、北社同称明姜。毗邻霍侯一级路和大运高速路口，赵城工业园区和山焦集团运输大道穿村而过，交通十分便利。相传，随夏禹治水的戎羌人聚居霍泉上游，因其鲁莽，汉人称为昏羌，后该族助武王伐纣，助晋国击秦兵有功，改明羌，后分为三社，该村居南称南社。南社以郭姓、晋姓、何姓为主，古民居宅院多为清代四合院布局，残破不全，现存多为北房。

南社村遗留的几座古代建筑还保留着这里曾经有过的喧闹，何家楼院的北房，建于康熙五十六年（1717）的晋家楼院北房，建于光绪五年（1879）的晋家院门楼，以及“五福捧寿”的窗棂木雕与券伏砖雕完美结合的晋家窑洞院彰显着曾经的繁华。

岳柳村

岳柳村位于洪洞县龙马乡西北4千米处，地处丘陵，东临赵村，西接张家庄村，南与沟北村相连，北与万安镇西乔庄接壤。相传古时岳、柳两姓人家从运城迁来此地居住，该村以岳、柳两姓为主，故名岳柳村。

张家庄村

张家庄村位于洪洞县龙马乡西北8.5千米处，地处丘陵，东接万安镇西乔庄，西依青龙山，南临长命村，北靠万安镇兰家节村。据传，唐代有张姓人家从汾阳迁移到此居住，故名张家庄。

许村

许村，位于洪洞县堤村乡西部，东临堤村，西与下张端相连，舞阳河贯穿东西，赵克路穿村而过。地处丘陵地带，是战国时期赵国上卿蔺相如故里。村中的灵泉寺，始建于唐武德三年（620），明清时均有修葺，现存建筑为清代遗构。抗战时期保护《赵城金藏》的力空法师就是许村人，法师于 1972 年 12 月 4 日坐化于许村龙泉寺。村中的蔺进玉宅院创建于清雍正十年（1732），一进四合院布局，现存大门、正房、南房、西厢房。南房为砖木构二层建筑，面阔三间，进深四椽，硬山顶，五檩无廊式架构。

许村的“明珠堡井”至今还在为全村居民提供着优质的饮水资源。两侧的抹角设计提高了道路的通行能力，这样人性化的设计体现了以人为本的设计理念；精心凿刻的流水槽防止了冬天四散的落水结冰对提水人造成不必要的伤害；两侧旁开的侧门增加了人员的流通速度；封闭的屋顶既保证了水井的干净又保证了提水人的安全，可谓一举两得。

许村的“清白”院正房两侧跨山影壁上的“绘幽风图”与“思无逸训”体现了一种空寂的禅宗思维，真可谓村间处处有高人。

左家沟村

左家沟村位于洪洞县万安镇西隅，距县城 15 千米。先居者为刘姓，曾名刘家沟，后刘家衰败，左姓兴旺，改名左家沟。民居以窑洞为主，多为四合院布局，古迹栉比，质风传承。东西院，旗杆院，门楼影壁，砖雕石刻，无一不在凝先贤之才智，彰历史之辉煌。左家宅院创建于清代，一进四合院布局，现存正房、东西厢房，正房原为两层，现存下层窑洞五孔，东西厢房均为窑洞三孔，平顶前设砖雕花墙，东厢房明间额题“淡泊以明志”，西厢房题“静虚得其居”。

左家沟民居喜欢在门楣的券伏上浮雕家训格言，独具特色的明志之举遗传到如今，就连进户的木门上都雕有赵有光的题词，在如此奢侈的土豪眼中价值连城的匾额或许也只能做两扇小门！

下沟村

下沟村位于洪洞县龙马乡西部 4 千米处，东临柴家庄村，西接沟南村，南邻西李家庄村、西崔堡村，北连岳柳村，全村以郭姓、张姓为主。相传，唐朝下沟村、沟南村、沟北村统称为郭家庄。有一郭姓夫妇，生有三子，后分家住到了沟南、沟北、沟下。因住在沟下取村名下沟。

梁里村

梁里村位于洪洞县明姜镇东北方向，由耙子里、杨堡凹、梁里三个自然村构成。东临南山底，西连下柳村，南与临汾市水泥厂为邻，北与上柳村接壤。由于村子位于山梁之上，原名岭上村，清末，堤村乡石明村刘家老八迁来此村定居，人称此村为八家子梁里，中华人民共和国成立后改名为梁里。

梁里村朴实无华的窑洞建筑显得有些苍白，但成片的分层式排列又显得整齐划一，窑洞前面的院子里曾经有多少人在此劳作，而如今的梁里却已空无一人，留下的只有孤立的“紫翠峰”。

侯建村

侯建村，位于洪洞县甘亭镇。传说，清朝有一位名叫侯建的老人在此村居住，此人品行端正、受人爱戴，所以就依老人的名字把村子定名为侯建庄村，后来改为侯建村。

赵村

赵村位于洪洞县龙马乡西北3千米处，属丘陵地带，东临塾堡村，西连岳柳村，南接柴家庄村，北与霍家庄村接壤。相传，村里有个叫赵石千的人有飞檐走壁之技，盗取官家财物分给穷人，驰名各州、府、县，为纪念此人故名赵村。

干河村

干河村位于洪洞县堤村乡北6千米处，东临汾河，西与汾西县团柏村接壤，南连师庄村，北接小河村。原属汾西县辖，村庄由九座山丘相抱，旧称九龙口，元朝时因村北圣水泉穿村而过，浇灌百亩良田，故取名为水润村，后改为水润里。康熙年间，因洪水漫延，滩地逐年加高，圣水泉堵塞无水，村人改名为干河村。一说有一年连降大雨，洪水泛滥，淹没村庄，人财遭受巨大损失，村民认为是水润村名不利，遂将村名改为干河，希望再不受洪水之害。此地曾是赵城县干河乡政府所在地。明清时期，干河商贸繁荣，店铺林立。村中修建有净石宫、娘娘庙、关圣人庙、大庙、寺院、牌坊等，现存的净石宫雕塑、壁画文物价值较高，每年农历三月三，是传统的庙会。村中的李家祠堂、吕家当铺为清代建筑。

韩家庄村

韩家庄村位于洪洞县城西15千米，隶属万安镇。东临杨家庄，西接石家庄，南连上舍村，北靠涧西村，是一处历史悠久、人杰地灵的自然村。现存明末清初建筑玉皇楼。柳编工艺历代传承，享誉一方。相传，宋末山东一韩姓逃难至此定居，取名韩家庄。村中的玉皇楼、魁星楼、关帝庙、二郎庙、佛庙、菩萨庙保存较好。韩家宅院创建于明代，现存大门、正房、东厢房，一进四合院布局。

贺家庄村

贺家庄村位于洪洞县万安镇西南，东临铁炉庄，西靠西乔庄，南接龙马乡赵村，北与上舍村接壤，为万安镇所辖。相传，明初陕西米脂贺姓数户来此居住，取名贺家庄。

上村

上村位于吕梁山麓，洪洞县万安镇西北，东临车垣村，西靠山头乡，南连山沟，北与刘家垣乡罗云村隔沟相望。上村先有毛家庄毛姓来此定居，因地势高，俯瞰诸村，皆在其下，故名上村。

耕讀傳家

下村

下村位于洪洞县万安镇西北角，东、北环沟，西北与上村相连，南与西昌村隔沟相望。明正德年间，太原郊区郭家庄郭普巡来此定居，取名普安村，普巡病故无后，别家郭姓人多来此居住。因村在上村之下，取名下村。

回坡底村

回坡底村位于洪洞县刘家垣东北部，东接伏珠村，西连效古村，南临舞阳河，北接磊上村、大古村，原属汾西县辖。相传，清乾隆年间，霍县退沙村坡底的张姓人迁此居住，后来又想搬回原来的坡底村，不知何因，没能走成，村民便把此心愿寄托在村名之中，取名回坡底村。

同泰公

三峪村

三峪村位于刘家垣镇北部 1 千米处，东临堤村乡上张端村，西连伏珠，南通刘家垣，北接大古村。赵克公路穿村而过，石三线在该村与赵克公路交会，交通十分便利。该村地处山谷之出口，相传明朝为赵城通汾西必经之隘口，故名峪口。清代初年，刘家垣徐、刘两姓迁居该村，村庄逐渐扩大，分为前峪、中峪、后峪。中华人民共和国成立后三村合并，起名为三峪村。

五福臨門

西庄村

西庄村位于洪洞县龙马乡，坐落于青龙山、天寿山下，东临郑家寨、长命村，南隔涧河与尧都区吴家庄相望，北与张家庄相邻，距县城 20 千米，山清水秀，全村以张姓为主。相传，很久以前西庄是一个大村，因地震，村子从中间横裂，东半村落塌陷无存，西半村落存留至今，故称西庄村。

效古村

效古村位于刘家垣镇西北部，东临回坡底村，西依罗云山、虎林山与山头乡妥当村接壤，南隔舞阳河、风口岭与陈村相连，北靠猫儿山与汾西邢家要乡毗邻。中华人民共和国成立前属汾西县辖。相传，村子东部有块高埠称作古村，村民多住这里，元朝时，村北的寺庙僧侣人多势众，横行乡里，激起民愤，村民焚烧了寺院，寺毁僧亡。村民将村落迁到了这里，因原来的村落叫古村，便把新建的村庄称为小古村，中华人民共和国成立后又将小古改成了效古。

心触电

张家庄

张家庄位于洪洞县苏堡镇，东与半岭里、旮旯里相邻，西邻西沟，北接孔家洼，南与涧上岭接壤。

郑家寨村

郑家寨村位于洪洞县西部，村中保存较好的宅院为南仰宸宅院和焦长庆宅院。焦长庆宅院建于同治九年（1870）。南仰宸宅院建于崇祯元年（1628），坐北面南，一进院布局，现存正房、东西厢房。正房二层，下层砖窑五孔，上层砖木构，面宽三间，进深四椽，卷棚硬山顶，五檩前檐廊构架，前设砖砌护墙。东西厢房均为砖窑三孔，以木质垫板隔为二层，下层明间辟板门，次间设直棂窗，上层明次间均为拱窗。

平安富貴
和諧吉祥

喜運新氣象
一帆風順

大展宏图

四季平安

磊上村

磊上村位于刘家垣镇西北。村中的张家宅院创建于清光绪三年（1877），坐北面南，二进院布局。现存大门、南院西厢房，北院正房、南房、东西厢房。北院正房一层为砖砌窑洞，二层面阔五间，进深五椽，六檩前檐廊构架，硬山顶。南房面阔三间，进深四椽，硬山顶，五檩前檐廊构架，柱头施异型斗栱，雀替和墀头雕人物、花卉，明次间均辟格扇门。村中的柴家楼院，木雕精美，狮子院影壁砖雕栩栩如生。

本務孝弟

家傳詩禮

德行忠恕

皇恩

古县

古县位于临汾市东北部，太岳山东麓，洪安涧河中上游，东与安泽县接壤，西与洪洞县相邻，北接霍州市、沁源县，南邻浮山县、尧都区，总面积 1191 平方公里，辖 4 镇、3 乡。

古县春秋为晋地，战国为赵地，汉为谷远县地，魏晋为杨县地，北魏置安泽县，隋改为岳阳县，以处太岳山之阳而得名。民国三年（1914）复改安泽县，1951 年 5 月县治移往府城，1971 年分安泽县东部及浮山县北部置古县。

古县古民居以窑洞为主，大户人家多在窑洞二层建房屋，注重门楼装饰。石壁村的张氏宅院，建于清代，为城堡式建筑，分上下两院，建筑以过庭为中心，布局规整，优雅壮观，极具代表性，是古县保存较为完好的民居院落。

城关村

城关村位于古县岳阳镇，东临瓦罐沟，南连县城，西与前头庄相邻，北与高家庄接壤。城关村曾是古岳阳县城旧址，村中存有王之哲楼院，抗战时期，朱德总司令率八路军路居此地，曾驻扎此院。村中的赵子岳故居、文庙等建筑保存完整。

看起来平实无华的小院不因建筑特点而闻名乡里，却人人皆知，因为朱德元帅在此居住过。正因如此，也避免了不必要的拆迁，留下了这座还算完整的小院。

城关村有一处高高矗立的小楼，其精美的墀头镂空砖雕常引人仰望。但让人们记住的还不是他独特的建筑风格，这里更为人熟知的是早在二十世纪 50 年代出演过电影《吕梁英雄》和《小二黑结婚》的山西籍演员赵子岳先生。这里是先生的故居，在这里有先生儿时的顽皮也有严父高声的训斥，但这些都潜移默化成为先生表演的动力，让人们在银屏上看到了一个个活灵活现的经典角色。

青砖浮雕已成为城关屋顶的主要装饰元素，李家院如此繁多的浮雕装饰却不多见，虽已破败不堪，但从遗落的部分仍然能看出旧时的精美。

田家高耸的不规则花瓣形院墙显得有点不合县城大户的风范，但院中过厅下坚实的长方形基石依然彰显着过去的辉煌。现在的居民早已搬去明亮的小楼，留下的只有满院的荒草与破烂的门窗。

石壁村

石壁村位于古县东南部，石壁乡政府所在地，东临高家庄，南连南辛庄，西与贾村为邻，北与西庄接壤。明嘉靖年间，村中有三教庙，供奉一石刻造像碑，有唐天宝四年（745）题记，该造像碑得自村东石壁中，村人以为神，故村名石壁。

村中的张氏宅院是太岳腹地保存较为完整的深宅大院。张氏家族自明末清初迁居石壁，至清嘉庆、道光年间，张氏成为一个集习武从文、务农经商、出仕为官于一体的官宦富庶家族。百余年间，从大院走出大学士、举人、秀才、廪贡十余人。民国初年，以张庆澜为代表的张氏家族盛极一时，富甲一方，成为当时岳阳县（今安泽县）最大的"万石侯"。传统的家族制度和文化理念，根植于广布乡村的院落之中，院落等级分明，秩序井然，是数代人苦心经营的财富聚集地。大院豪华气派，建筑讲究，由上下两座大院和五座独立附属小院组成，从门楼到高墙深宅，无不映照着昔日的繁华。

中共石壁乡纪检委
严肃

团结紧张
严肃活泼

恭賀新春
時来運到百業興

热留村

热留村位于古县古阳镇西北部，东临箱子沟，南连凹里，西与申沟为邻，北与木圪台接壤。相传，热留村因临溪水而得名为临溪村，唐代初年改为凤凰村，因村民争强好胜，时起事端，宋朝末年，根据村中有一柳树改名弱柳村，村子从此日渐衰败，之后再更名为热留村。村中保留有始建于唐代的关帝庙，还有文昌阁、赵家祠堂、启文书院等建筑。

赵家民居是热留村保存较为完好的院落，由祠堂和居住群落两大建筑体组成。祠堂在上，濒临倒塌的门楼不知有没有得到修缮，但整齐的祠堂正房依然为后人所用。

齐整的窑洞院南房和高大的双层 1 号院、2 号院南房，还在为居民提供着居所，延续着过去的辉煌。

孙寨村

孙寨村位于古县南垣乡西部，东南临油房村，西连弹花庄，北与扭扭岭接壤。村中有创建于明代的四合院一座，现仅存东厢房，为明代风格。

辛庄村

辛庄村，位于古县岳阳镇北部，涧河岸边，东临柳湾村，南连高家庄，西与罗家沟为邻，北与圪垛村接壤。323省道穿村而过。村中以刘姓为主，现存有刘家宅院，“青山碧水”的院门额砖雕透露出院主人的闲适。

并侯村

并侯村位于古县旧县镇，古民居以明清建筑为主。村中的吕家宅院建于清末，高门大院，保存较好。当地有“东起杨林山，西至马蹄湾，南河四十里，地主多姓吕”的说法，说的是清末吕洪泉经营土地，大发其财，享誉一方之事。

杨树庄

杨树庄光绪三十三年（1907）建成的老院子至今还在发挥着作用，虽然比不上高门大户的豪华，但质朴中透露出来的细致让人回想起“不省人工”“不减物力”的传统工匠观念。

贾寨村

贾寨村位于古县北平镇。村中的任家宅院创建于民国十七年（1928），坐北向南，四合院布局。现存建筑有大门、南门、正房、东西厢房。正房面阔五间，进深四椽，单檐灰板瓦硬山顶；东西厢房均面阔三间，进深四椽，单檐灰板瓦悬山顶；南房面阔四间，进深四椽，单檐灰板瓦硬山顶；大门在大院的西南部，门楣上木刻“耕读传家”四字。村中的党家宅院为清代晚期建筑，坐北向南，四合院布局，现存大门影壁、正房、东西厢房、南房。正房面阔三间，进深四椽，单檐灰板瓦悬山顶，五檩无廊式结构。

水秀

耕讀傳家

鍾靈

凌云村

凌云村位于古县古阳镇西北部，东临核桃木凹，南连东庄，西与石凹相邻，北与圪洞窑接壤。相传，唐代初年李渊父子战乱失利，南下翻越霍山，途经此地，发现是一块风水宝地，不由赞叹“九凤凌云向太阳”，凌云村由此得名。

神圪垛

神圪垛自然村位于古县古阳镇。村中的太岳中学旧址坐东北向西南，二进四合院布局。现存有正房，东南、西北厢房，正房面阔三间，进深四椽，单檐灰板瓦悬山顶，五檩无廊式结构。

上宝丰村

上宝丰村位于古县北平镇，东临杏树坪、西凹村，南连下宝丰村，西与柴家凹、南山相邻，北与瓮窑上接壤。相传，有一年夜间，一只凤凰落在村东山上。第二天，凤凰落处便出现“金镶玉”，被一牧羊人捡到，上交官府，村即名宝凤。因该村煤、铁矿藏丰富，后变为宝丰。

宅院吉

黄家窑村

黄家窑村位于古县北平镇东部，南连杨窑村，北临窑则沟村。

安泽县

安泽县位于临汾市东北部，太岳山南麓。东与屯留县、长子县为邻，西与古县、浮山县接壤，北与沁源县交接，南与沁水相连。总面积 1959 平方公里，辖 4 镇、3 乡。

安泽春秋为晋国地，战国先属韩后归赵，西汉置䣕氏县，东汉为猗氏县，北魏时境内曾置冀氏郡，领冀氏、合阳二县，并有属义宁郡的义宁、安泽二县。北齐置冀氏郡，有属义宁郡的义宁、安泽、冀氏三县。隋置岳阳、冀氏二县，属临汾郡。唐冀氏、岳阳二县同属晋州，复置和川县，属沁州。宋和川入冀氏，后改冀氏为岳阳，旋复，和川、冀氏、岳阳属平阳府，金因之。元初冀氏入岳阳，旋岳阳、和川置冀氏，后改冀氏为岳阳。明、清置岳阳县。民国三年（1914）改岳阳为安泽，1951 年 5 月县治移往府城，1971 年从安泽析出古县。

郎寨村

作为郎寨村标志性建筑的宋代砖塔，位于安泽县马壁乡郎寨村东，现存八级，为宋代建筑，塔顶残破。杂乱堆砌的塔顶依然保留着宋代的沧桑，也许是天灾，也许是人祸。经过几百年的变迁，周围的建筑已改建一新，但这座标志性的塔身依然耸立，已然作为郎寨最高的建筑物俯视着春秋的更替。

北孔滩村

北孔滩村位于安泽县冀氏镇。村中的古民居多建于清代和民国。村中的刘家大院由后院和前院组成，后院建筑较早，以窑洞建筑为正房。前院建筑以砖木为主，四合院布局，现存正房、东西厢房、大门等。

075

家和事顺随人

福

二道河村

二道河村位于安泽县杜村乡，东临郭庄村，南连龙王沟，西与陈麻沟相邻，北依大山。兰河从村边而过。属郭庄村的一个小自然村。

040
開福門恭喜發財

飞岭村

飞岭村位于安泽县府城镇。村中的王氏宅院创建年代不详，现存为民国时期建筑，坐北向南，四合院布局，现存有大门、正房、东西厢房。正房为窑洞，东西厢房均面阔三间，进深四椽，二层单檐灰板瓦硬山顶。南厅因失火已翻修，宅院大门木雕、影壁及门楣人物砖雕保存完好。1958 年此院曾办过公共食堂。

山水

滿院春光
出門見喜

山水

天地
国太民安
风调水顺

和顺人家福寿齐添
兴盛年景康乐同喜

圪老湾村

圪老湾村位于安泽县杜村乡，东临新塬上，南连知家沟，西与小北庄为邻，北与前塬上接壤，是河阳村的一个小自然村。

固县村

固县村位于安泽县唐城镇，东依窑脑岭，南连小岭上，西临蔺河，北接梁子沟，全村共有 4 个自然村。因北魏曾在此地置义宁县，固县村名由此而来。村中的二郎庙于清乾隆五十年（1785）重修，坐北向南，四合院布局，现存有戏台、正殿等建筑。村中民居多为四合院布局，分布在寺庙周围。

郭庄村

郭庄村位于安泽县杜村乡。村中的李家大院创建于民国十四年（1925），现存建筑为四合院布局，有正房、东西厢房、大门等建筑。村中的太岳军区政治部旧址坐西向东，四合院布局，现存窑洞3孔。

259
114
新歲新春幸

259
吉星高照
114

家天天開心
喜運門

順天鴻運騰雲起
浩海財源乘風來

慶有餘
263
恭喜發財

263
恭喜發財
新春大吉福
富貴榮華滿運來
壽
福

吉星高照全家福

鴻運當頭富貴來

五福臨門
新春大吉福門開
萬事如意

萬事如意

和川村

和川村位于安泽县和川镇政府所在地，东南临沁河，西南连蔺河，北依二郎山，南邻岭南村，北接河东村。隋开皇十八年（598）在此置和川县，因沁河与蔺河在此相交汇而名和川。村中的民居多分布在老街的两边，以四合院为主。

“积厚流光”院，创建于清嘉庆二年（1797），四合院保存完整，大门木雕保存较好，有狮子绣球、海马流云、犀牛望月等图案。范氏宅院创建于民国十四年（1925），四合院布局，大门木雕保存较好，周刻“博古”图案，门楣上设匾额“树德务滋”。常氏宅院创建于民国二十年（1931），四合院布局。村中一临街商铺为安泽抗日政府接待站，现保存完好。和川酒厂，建于清道光年间，由“天和永”作坊发展壮大。

樹德務滋

樹德務滋

菜

迎春接福

八福臨門
樹德務滋

八福臨門
樹德務滋

鼎新

德正

積厚流光
迎春接福

家和萬事興

河阳村

河阳村位于安泽县杜村乡，东临瓦窑村，南连鲁家寨，西与杨玉岭相邻，北依桑树圪塔。因村在兰河之北而名河阳，北魏建义元年（528）置合阳县，建有合阳城。村中的王氏宅院，创建年代不详，现存为清代建筑，坐北面南，四合院布局，保存较完整。

冀氏村

冀氏村为安泽县冀氏镇所在地。现存古民居以白家宅院为首，四合院布局，由多个院落组成。

福

碱土院

碱土院位于安泽县杜村乡小李村，抗战时期，太岳行署、太岳行政干校驻扎此村。太岳行署旧址是一处创建于道光十一年（1831）的民居，坐北向南，四合院布局，现存建筑有照壁、大门、二门、东西厢房，北房、正房及东西厢房，均为面阔三间，进深四椽，单檐灰板瓦硬山顶建筑，五檩无廊式结构。薄一波、牛佩琮、裴丽生曾在此主持工作，领导这一地区的抗日武装。太岳区行政干校旧址坐东向西，四合院布局，现存有照壁、大门、南北厢房、正房及南北侧房等建筑。正房面阔七间，进深四椽，单檐灰板瓦悬山顶，五檩无廊式结构。

桑曲村

桑曲村位于安泽县杜村乡。村中的刘家宅院、白家宅院建于清代和民国。白家宅院创建于民国十六年（1827），坐北向南，四合院布局，现存建筑有南房、大门、东西厢房、正房，占地面积544.17平方米。1942年，太岳军区司令员陈赓率军区司令部由沁源迁往此院，驻扎两年八个月，在此指挥对日作战。陈赓在此院的正房办公。

大吉大利
春来好運重重喜

13834795894

13834795894

進八方興

道

太岳军区旧址

同志办公旧址

荆村

荆村位于安泽县和川镇，东、南、北三面临沁河，西与岭南村相邻。因引沁入汾大堤建在此村，村庄现已整体搬迁。

岭南村

岭南村位于安泽县和川镇，东临荆村，南连沁河，西有马唐公路，北与和川镇接壤，以王姓为主。村东是临汾引沁入汾枢纽大坝。村西 2 千米处的南山岭有建于金代的麻衣寺砖塔，塔身通高 21 米，为八角九级密檐式砖塔。

63

柳树沟村

柳树沟村位于安泽县冀氏镇，村中的王家宅院创建于乾隆二十五年（1760），四合院布局。现存正房、东西厢房、大门。

吉祥如意
17
18

南孔滩村

南孔滩村位于安泽县冀氏镇。村中“义城西”字号的赵家宅院坐南朝北，四合院布局。现有楼阁式的砖券窑洞3孔，保存基本完好。1938年3月，八路军总司令朱德、副总司令彭德怀、副总参谋长左权率领八路军总部撤离洪洞，向沁县转移，曾在此院居住数日。

神湾村

神湾村位于安泽县冀氏镇，沁河拐弯处。村中的申家宅院建于清代晚期，四合院布局。

寿而康

北孔滩村神湾组
58

石渠村

石渠村位于安泽县和川镇南部，东临前东沟，南连只树沟，西与罗云沟相邻，北与岭南村接壤。沁河从村庄的三面环绕流过。村中的二郎庙创建于唐代，清代重修，庙中保存有清乾隆年间常绒兄弟共办石渠义学碑。常家宅院为多座一进四合院组成，建于清代。

万事如意
发家致富勤为本
科技兴农当先锋
113

克勤克俭

亢驿村

亢驿村位于安泽县唐城镇，东临九十亩沟，南连东沟村，西与马岭相邻，北与前园上接壤，全村以黄姓为主。抗战时期太岳第二地委、太岳军区第二军分区机关曾驻扎此地。1942 年，为了阻止侵华日军劫掠洪洞广胜寺《赵城金藏》，八路军太岳军区领导抢运《赵城金藏》，在此村的娘娘庙内保存了 5 个多月，逃过了日军的重重搜寻。村中的黄氏宅院为四合院布局，现已残缺。

点放到农村去
如意好運

祝四季如意吉祥
贺百事荣华富贵

湾里村

湾里村位于安泽县唐城镇，东临小黄沟，南连车村，西与南湾村为邻，北与东沟村接壤，是个小自然村。

下兰

下兰位于安泽县杜村乡。村中的宋家宅院创建于清代晚期，坐东向西，四合院布局，现存有西房、东窑、北窑及西侧房等建筑。东窑、北窑均为两孔掏挖土窑洞，北窑前作插廊，西房面阔五间，进深四椽，五檩无廊式结构，单檐灰板瓦悬山顶。北稍间辟为大门，门上悬木质匾额“治本于农”。

小李村

小李村位于安泽县杜村乡，东连羊圈坡，南临兰河，西接西沟与杜村为邻，北与南庄村接壤。村中的祖师庙创建年代不详，清道光二十八年（1848）重修，坐北向南，中轴线上有戏台、东西看楼、正殿及两侧配殿等建筑。

窑庄

春到福到吉祥到

尧都区

尧都区

临汾古称“平阳”，地处太原、郑州、西安三个省会城市连接中心点，区位优势突出，交通便捷。东倚太岳，与长治、晋城为邻；西临黄河，与陕西省隔河相望；北起韩信岭，与晋中、吕梁毗连；南与运城市接壤；因地处汾水之滨而得名。临汾“东临雷霍，西控河汾，南通秦蜀，北达幽并”，地理位置重要，自古为兵家必争之地。临汾市历史悠久，是华夏民族的重要发祥地之一和黄河文明的摇篮，有“华夏第一都”之称。

尧都区古民居平川多以瓦房为主，山区以窑洞为主。平川砖瓦四合院较多，一般是北房五间为主房，明三暗二，有的上建小阁楼。东西厢房各三间，与北房之间隔有厨房；南房三间，东侧开大门；西侧为茅厕，院内多铺砖石。富户人家为一进或几进院落，有的院落连片，沿中轴线前后排列，左右展开，形成风格相近，错落有致的建筑群体，亭台楼阁，富丽堂皇，如南太涧村的范家大院。山区则依据自然环境，结合风水、民俗，因地取材，建砖券、石券窑洞，四合院布局，如李家庄民居等。

境内尧庙为寻根祭祖旅游胜地，仙洞沟为风景名胜区。尧陵、铁佛寺、魏村牛王庙戏台、东羊村后土庙、王曲村东岳庙为全国重点文物保护单位。

尧庙村

尧庙村位于尧庙区尧庙镇，东临柴村，西连杜村，北接郭村，南与王庄村为邻，属城乡接合部。霍侯公路穿村而过，尧庙旅游景区与村相融。因尧庙建在此村而得名。唐显庆三年（658），尧庙由汾河西岸迁到此地，历代均为重要祭祀之地，历史上多次修葺与扩建。

这里是祭祀尧帝的庙宇，这里流传着最为古老的传说和故事，这几幅拍摄于2008年的照片极大地保留了尧庙广运殿原来的模样。

市区

建于明代万历年间的关帝庙还没有大修，残破的屋顶瓦片残存着年代的痕迹，但廊柱间衔接的木雕装饰依然精美绝伦。

为了满足城市扩张的需要，阻碍汽车通行的西城门得到了彻底的改造，为了加快城市的建设，现代化的挖掘机械正在努力加快平整土地的进度。从这张拍摄于二十世纪 80 年代的照片中还可以看到残留的西门城门洞，而现在，这一切早已湮没于一幢幢现代化的高楼之中了。

贡院街是现今临汾市区最为繁华的一条商业街，年少者甚至记不得改造前的模样，但这些图片或许还能勾起“60后”些许的回忆。山西师范大学（原临汾师范学院）曾经的东门和北门早已不为如今学子所了解，多年从教的老教授也许还记得拆迁前的模样。各条长短不一的胡同如今都被各种商铺所淹没，留下的也许只有影像中残存的记忆了！

春回大地

铁佛寺的高塔依然是老城区最高的建筑，之所以这么说是因为新城区三十几层的现代化高楼当然要比他高很多。周遭的房屋现如今早已不是图片中的模样，透过地图的检索我们才能找到深藏于小花园中的禅堂。

钟楼街以前的老房子也都已翻新，钢筋水泥代替了砖瓦，现代化的速度代替了原来的精工，如今的大街上已难见一两座这样的建筑了。

东关尧街对于老临汾人也只有停留在脑海中的回忆，现在也只能从这些图片中去回味过往!

体育街旧院正是由于“社区人民委员会解放路办事处”的存在，这座房屋才能长久地保留其固有的容颜。但这也已经是从前，不知现在依然安在否！

临汾市区深处的席家胡同现在仍旧保留了一些古老的建筑，但经过不断翻盖已然不是原来的模样，少了些高门大户的味道。由于没有进行过深入的探究，更不知席家的先祖功绩，但通过特殊波斯风格的大门两侧影壁可推想得建筑年代或许是明代。

何二胡同

青狮南街

塘子口

平阳木版年画的繁荣让座城市的木雕艺术得到了长足的发展，散布于民间建筑中的各种精美木雕人物故事板块再次印证了是时雕印工艺的繁荣。

魏村

魏村北临洪洞，西与一平垣乡接壤，南靠土门镇，东邻吴村镇。春秋战国时是晋国贵族大夫屯兵、居住之地，地肥水美，物产丰富。明清时期，魏村是临汾县西北重镇，商业繁荣，人才辈出。古村落形若凤凰展翅，被誉为凤凰村。老凤凰村自东向西为一条主街，紧靠南沟沿，蜿蜒一里地，南北巷8条，场院80余处。其中四合院、楼上楼、筒瓦厦、雕花门院有10多处，当地人称“西铺里”“东楼里”“油铺里”“新院里”“碾圪塔”“西染房”“下圪洞”等，以院代户。尤以西铺里樊氏城堡、东楼里张家大院、下圪洞蔡家大院建筑别致。村里保存的牛王庙元代戏台，建于元至元二十年（1283），是元杂剧戏台的典型形制。千百年来，元代戏台唱红了三晋，牛王古庙滋润了魏村。

山西的元代戏台保存至今的为数不少，但在魏村的集会上，戏台仍旧在使用，践行着他最原始的功用——台上演出。不仅保护得力，而且维修有功。

福

乾隆三十八年新正

收购酸枣
13934703147

和村

和村位于尧都区魏村镇东部，东临大运高速公路，西连魏村，南与羊舍村为邻，北与苏家村接壤。和村原名贺村，因贺姓最早居住于此而得名，现以陈姓为多。村中有沈家胡同、贺家院、孙家沟等，因多姓居住，和睦相处，后改名“和村”。村中的当铺院、油坊院、糟坊院还留有部分遗存，民居以四合院为主。

亢村

亢村位于尧都区土门镇北部，东临羊舍村，北连沟北村，南接东涧北村，西与南庄、刁底接壤，属丘陵地带。

亢村高耸的门楼现如今已丧失了原有的功能，甚至有些残破，但透过村内矗立的院门与设计精美的镂空院墙，依然能体味到从前大户人家的特有气魄。

平為福

四季平安

羊舍村

羊舍村位于尧都区魏村镇南部，东临羊舍庄村，南连车院村，西与亢村为邻，北与魏村、和村接壤。古时叫羊城里，后改叫羊舌村。相传晋国大夫羊舌氏叔向曾居住在这里而得名，后人为使此地人丁财旺，于是在羊舌的“舌”字上加一“人”字，便成为今天的羊舍村。村中有观音阁、玄帝楼、关帝庙、舍利塔等众多历史文化遗存。玄帝楼建于明正德八年（1513），传说其祈福扶正除邪最为灵应，又被称为“万福楼”。拍摄于2008年8月的这张照片保留了是时的残破，不知现如今是否已修葺一新。

辛店村

辛店村位于尧都区一平垣乡，东临桑坪村，西连王汾村，南与李家庄为邻，北接临大公路。

辛店村堡垒式的石砌村门至今保存完好，二楼的住户对于村外的情形一览无余，既有保卫全村安全的重任，又兼具监视来客的功能。

东涧北村

东涧北村位于尧都区土门镇北部的吕梁山脚下，东临梁里村，南接土门，北与亢村为邻，西与西涧北村接壤。临大公路环村而过，高速公路辅路与本村相连，全村以吉姓、杨姓为主。村中的古民居在涧河边依山势而建，层层叠加，错落有致。村中的魁星楼为清代建筑，东西修拱券门洞，台基上建二层楼阁。1937 年 11 月 8 日，阎锡山时期的山西省政府撤往临汾的东涧北村，阎锡山在此与朱德共商抗战大计。

车辐村

车辐村位于尧都区西北，隶属魏村镇。传说尧王女儿与舜成亲时路经此地，因车辐条折断而得名，也有说春秋战国时是晋国运送战车、兵器和政令通衢的驿站。

这里还是我国方志学者、中国纸史委员会委员衡翼汤先生的故居。重修于2005年3月的门楼已经出现坍塌，不知是没有再修，还是没有修好！

柴里村

柴里村位于尧都区土门镇东北部。东临永胜村，西连土门村，东涧北村，南与东羊村为邻，北与车院、羊舍村接壤，处于平川和山地的交接地带，村子紧邻临大公路和大运高速公路。全村以左姓为主。村子以旧村委会为中心分为四大片。村中的左家大院有建于乾隆三十二年（1767）的左从舜宅院，还有建于乾隆五十七年（1792）的左学诗宅院，多为一进四合院布局。主房均为下窑上楼，侧房为砖瓦房，布局讲究，豪华大气。

依然十里桃花红

柴里村年久失修的老民居只能透去细节去仔细品味建造时的匠心，精美的雕花隔板与高浮雕门楣相映成趣，逐日麒麟的精雕影壁以小见大，表达的是居住者对于美好生活的孜孜追求。

土门村

土门村位于汾河流域临汾盆地的西北边陲，坐落在吕梁山脉沉香山下，是临汾通往吕梁山的必经之地。历史上富裕农户的比例较高，村落民居整体建筑水准超前。全村几十条胡同内，紧凑地排列着上百座砖木四合院和十几座高门楼院，彰示着每个院落曾经的富裕光景，尤以街北王家和街南郝家的民居最为气派。

“建设社会主义”的标语还留置在院内高墙之上，反映的是那一段过去的历史，承载的是建设富强中国的重任。

王家是土门村的大户，从院子的规模就可窥一斑，精美的寿字龟背影壁体现了建造者对于健康生活的美好向往。双层出檐、明三暗五的正房结构体现了主家的含蓄与不逾矩，完整的两进院也再现了家族人口的兴旺。

萬象更新

东羊村

东羊村位于尧都区土门镇东部，东临南太涧村，北接柴里村，南连景家庄，西与土门村接壤。全村以朱、张、杨姓为主，是尧都区的一个古老村落。宋元时期，村内建筑已颇具规模，村中建有多座寺庙，最大的庙宇是建于村中心的东岳庙，现存后土圣母殿和建于元至正五年（1345）的古戏台，属全国重点文物保护单位。村中的北城楼，高大雄伟，现仍矗立于村子北部。村中古民居多为一进四合院布局，砖木结构。

儿
正
神州万里春

高堆村

高堆村位于尧都区刘村镇东北部，村东经滨河西路与汾河相连，村西有京昆高速公路和大西客运专线贯穿，南北邻官场村，南连三桥村，地貌是典型黄土地貌中的黄土峁，高堆由此得名。高堆村武宿文曲、钟灵毓秀，是汉代大将霍去病、名相霍光故里。“满眼满土满眼坡，进村上路瞪眼窝”，村中民居因地势而建，多为四合院建筑。霍家宅院从明代起以将军庙为中心分为“四门四院”，即二门东院霍世荣、三门西院霍世通、四门前院霍世达、五门后院霍世隆。

吴村

吴村位于尧都区吴村镇政府所在地，分吴南、吴北两个自然村。东临汾河，南连太涧村，西与新庄相邻，北与徐村接壤。大运公路从村西穿过，是尧都区的北大门。吴村历史悠久，人文厚重，自古商业繁荣，村中店铺林立，是尧都区西北的贸易中心。通过老照片中的古街道依稀还能感受到昨日的繁华。

南太涧村

南太涧村位于尧都区吴村镇，东临汾河，南连王曲村，西与陈家庄、东羊村为邻，北与北太涧接壤。全村以范、王两姓为主。因村庄地处涧河之南而取名南太涧村。村中有清代戏楼和范家大院保存较好。戏楼历经沧桑，古朴依然，设计独特，结构奇巧，集楼、台于一身，匾额上的“仁让成风”四字苍劲有力。

范家以经商起家，清嘉庆末年达到顶峰。范家大院由多个院落组成，建筑装饰精美，砖雕、木雕考究。雕刻内容有花鸟鱼虫、琴棋书画、麒麟送子、五福捧寿等，门额有“率直”“择邻处”等砖雕。村内文化遗存举目可见。

范家大院的规模和精美程度在南太涧村首屈一指，其中有“凤毛济美”院、“相协厥居”院、“居在廉让”院、“永建乃家”院等，多为二进院，其规模之大、雕琢之精独步周遭！

逢盛世和谐社会家家乐
迎新年虎跃
腾处处春

鳳毛濟美

朝陽
一帆风顺年年好
万事如意步步高

出入平
竹報平安迎新年
花開富貴

福

盛世和谐
逢盛世和谐社会家家乐
迎新年虎跃龙腾处处春

永建乃家

说王家是这里有名的商业大户并不为过，有染坊，亦有油坊，现在后人还在延续着先辈的足迹，继续着昨日的辉煌。影壁上苍劲有力的大字标语虽有些斑驳，但从挺拔的字体上还是能够看出书写者的功力。

屯里村

屯里村位于尧都区吴村镇，东临汾河，南连东太明村，西与徐村为邻，北与洪堡村接壤。原名羊黄里。相传，明代初年朱元璋得天下后，军队停止打仗，百姓安居乐业，有12名军人屯居本村，村子遂更名为屯里村。屯里又被称为“戏窝子”，是著名的戏剧之乡。

孙曲村

孙曲村位于尧都区吴村镇南，距市区 10 千米，东临汾河，西与土门镇古镇、卫家庄、东羊沟接壤，北与王曲村一涧之隔，南与三淇村毗连，大运公路从村西而过。传说，上古时期公孙轩辕黄帝从公孙堡向南体察民情，走到此地，突遇倾盆大雨，无法行走，只得暂住小村。起行前轩辕黄帝打听此地是何村庄，百姓说未曾命名，为此轩辕黄帝就取自己复姓中的孙字，再看此处紧靠汾河湾，就再用一个曲字组合为“孙曲”，从此得名。村中现存段家宅院和当铺院。

孙曲村段家可谓家大业大，当铺院北楼的明五暗七格局已是超越普通规制之建筑，在当时可能不为大多数百姓所认同，但也体现了段家财富实力的雄厚。

纳禾稼

王曲村

王曲村位于尧都区吴村镇，东临汾河，南连孙曲，西越 224 省道与马家岭相邻，北与南太涧村接壤。因村中最早有王姓居住于此，又临汾河湾，故取名王曲村。村中的东岳庙重修于明嘉靖四十五年（1566），庙南的舞台建于元初，属全国重点文物保护单位。

王曲，王者又说为尧子丹朱，村中亦有太子坟，实为丹朱之墓。

鸦儿沟村

鸦儿沟村位于尧都区土门镇南部，东临南庄村，南连杨家庄村，北与晋王坟接壤，西靠姑射山，全村以贾姓、侯姓、吉姓为主。村庄也称南沟，建在山坳里，民居因势而建，多为四合院布局，现大多空置。村东有魁星楼，高约 30 米，二层砖木结构，底层是砖拱搭建的窑洞，东边门额题“冲霄汉”，西边门额题“射斗牛”，建筑考究。

三淇村

三淇村位于尧都区汾河街道办事处，东临汾河，南连南芦村，西与汾河街道办为邻，北与孙曲村接壤。大运公路南北贯穿，309 国道贯通村南。村中的王家宅院、清代戏台保存完好。

“三淇”为哪三淇现已不能准确表述，或许有“沣淇”“栘淇”的说法。村中精美的砖雕券门与影壁足以看出曾经的繁华。“居之安”“凝瑞霭”更加突出了民间对居住环境的朴实向往，“耕读第”亦是五亩之宅的理想仕人生活。

居之安
甜甜甜生活愈来
美美美日子越过越

凝瑞靄

福

福

福
福

田村

田村位于尧都区土门镇南，东临南社村，南连南庄村，西与鸦儿沟村相邻，北与晋王坟村、土门村接壤。属平原地带，临大公路穿村而过。

“容驷马”体现了居住者的霸气，再现了当年建造门洞时规模之大，建造者内心之骄傲跃然门楣。

孔家庄村

孔家庄村位于尧都区刘村镇，在汾河西岸，祁临高速公路东侧，临汾高铁西站旁，属河西新区。

孔家庄村田野里土矗立的四方大砖塔不知建于何年，曾作何用，但他见证的是这里的变迁，对于短暂的人类生命而言，他也算得一段时间的永恒!

刘村

刘村位于尧都区西部的刘村镇。传说西晋末年，刘渊起兵灭晋建汉，迁都平阳，其四子刘聪初居刘村一带，故名刘村。旧时这一带百姓善编草帽，远销京津及甘肃、宁夏一带，故有“帽儿刘村”之美誉。村中的“五同丰”院、徐家宅院、秦家宅院曾是中共北方局、八路军驻晋办事处、八路军学兵大队旧址。

几百年前的闻仲石像守护的是这里的变迁，见证了曾经的繁荣，现孤立地矗立在上旷野之中，如若他有记忆，那他的想法又能为我辈所认同么?

安貞吉

國展宏圖

吉祥地和睦生財
富貴家平安接福
五同丰路北三巷7号
WU TONG FENG LU BEI SAN XIANG
<邮政编码: 041000>

詩禮傳家

福多财多喜乐多

万事如

晋临粘鼠板制品厂

齐家治国精英滋育园
经邦济世人才造就地

危墙小心

东宜村

东宜村位于尧都区刘村镇，东临汾滨，西眺姑射，南与卫青故里青城村接壤，北与上涧北村为邻。村名与古代涧河有关，当地人择涧河旁宜定居之地而建村落，故名东宜村。因宋代大儒、思想家、教育家孙复出生于此，又被冠以“孙复故里”。村中民居多为一进四合院和二进前后四合院，孙家宅院、柴家宅院、李家宅院、郭家宅院、崔家宅院分布有序，今多已不存。

福

龙祠村

龙祠村坐落在汾河西，姑射山下，因三晋名泉龙祠泉而出名。又名窑院村，因“平阳陶窑”设在本村而冠名。村中的古民居多已损毁，现仅存许家和刘家大院，门楼雅致、院落团聚。

龙祠村是必须要有水的，虽无大泽，却有小塘。两层的观鱼楼既有警戒的作用，又是消闲之所在。

大吉大利

四季平安
福
紅
福
爆

書香

小榆村

小榆村位于尧都区金殿镇，东临涧上村，南连伍默村、兰村，西与录井村相邻，北与西麻册接壤。309 国道贯村而过。小榆村的关家大院建于清代，一进四合院布局。

福

晋王坟村

晋王坟村是一座因王陵形成的明清古村落，位于市区西北 15 千米的九峰山下，隶属土门镇。明宣德十年（1435）晋王朱棡之子朱之熺的陵冢选定于此，修建了规模庞大的陵园建筑群。守陵的官员、杂役和朱氏家族后人聚集，形成村落。整个村落以王陵的神道为中轴线，路北主要为彭氏、洪氏宅院，路南以张氏、蒋氏宅院为主。村中还散落有杨氏、郭氏、吉氏、强氏、王氏宅院，多为坐北朝南的四合院。历经历史的风雨洗刷，昔日的明代王陵早已失去了往日的辉煌，皇家霸气已荡然无存，留下的只是一片荒凉。

泊庄村

泊庄村位于尧都区西部，汾河西岸。村名和湖泊有关，此地原为“平湖”，随着湖泊干涸，形成村庄，泊庄之名由此而来。

圣经真道
基督福音

泊段村

泊段村位于汾河西岸，尧都区西部。此地原为“平湖”所在地，湖泊干涸后，此地为湖泊的一段，故名泊段。

沙桥村

沙桥村位于汾河西岸，尧都区西南，现迎宾大道穿村而过。村名与湖泊有关，此地原为“平湖”，因湖泊干涸，沙出水面，固以桥，故名沙桥。

年年纳福

堡子村

堡子村位于尧都区刘村镇，河西新城中心地带。西接大运高速，北达临汾高铁西站，东临临汾市人民医院、汾河生态园，南通渔家庄、左义南村。随着新农村建设，古村落已不复存在。

马站村

马站村位于尧都区西部，汾河西岸，北临韩家庄，南连沙桥，西与泊段相邻。传说为帝尧放马的河滩地带。宋代，在汾河西岸马市设管理马匹交易市场的机关，也叫马务，采购的军用马集中于此地待送军中，故称马站。马站是元代驿站所在地。

峪里村

峪里村位于尧都区金殿镇。地处龙祠泉西侧姑射山脚下，东临晋掌村，西连岭头村，南北为大山环抱。村子被涧河分为南北两地，村中的翠微桥建于清代，上有三层仿古式亭台，是当时连接两岸村民正常往来的主要通道。村中房屋多建在两岸的山峪里，以砖窑、石窑为主，平坦地带多为一进四合院建筑。

耕讀

耕讀

耕讀

吉祥

萬事如意幸福家
一帆風順平安宅

金殿村

金殿村位于尧都区西南的金殿镇，是古都平阳的最早发祥地。从尧都平阳到春秋时韩都平阳都以这一带为活动中心，金殿屡为都城，被视为祥瑞之地。西晋末年刘渊起兵反晋，建汉称帝，初居蒲子，后筑此为陶唐金城，故名金殿。

青城村

这座位于平阳城边上的青城村是西汉名将卫青的故里，同时也是卫子夫省亲之地。这里出现过“却匈奴七百余里”的英雄，也养育了保汉代太平的虎子，还有一位柔情似水的贤后。现在的青城村除了村门口一座威武的卫青雕塑之外再无旧迹可循，不知世代居住的后裔是否还留有当年祖上的动人传说。

平為福

东河堤村

东河堤村位于尧都区大阳镇中南部丘陵地区，东临郭行村，南连上阳村，西与西河堤为邻，北与宋家庄接壤。因处涝河东岸取名东河堤。二十世纪 80 年代修建涝河水库移民，现古村庄已破败。

振兴中华
跟着党走
全国人民紧跟着党走
祖国繁荣
振兴中华

东堡村

东堡村位于尧都区大阳镇西北部，三面环沟，东面有条大道与大堡村相邻，解放战争时期，临汾战役总指挥部驻扎东堡村。

尧陵

尧陵位于尧都区大阳镇北郊村涝河北岸，临汾市东北 35 千米处，是一处有山有水的风水宝地。陵前有祠，相传为唐初所建，元、明、清三朝均有重修。陵丘为三皇五帝中规模最大，封土上古柏葱密，亦称“神林”。尧陵占地 4713.4 平方米，由三座院落组成。主院坐北朝南，中轴线上由南向北依次为山门、戏台、牌楼、献殿、寝殿、陵丘；两侧为耳房、看棚、东西厢房，另外两院仅存砖券窑洞。尧陵为全国重点文物保护单位。

昶昌堡

昶昌堡位于尧都区土门村西南，相传王氏先祖于元末明初从陕西柳子里迁来土门，为避战乱和匪患侵扰，在村西南建起了堡子。昶昌堡原为永昌堡，因与闯王李自成的“永昌”年号相同，为保自身安宁，聪明的王氏后人在“永”字一捺上加了一个“日”字，改为“昶昌堡”。清乾隆年间，王氏大兴土木，堡子遂成规模。

和睦家庭
和睦家庭神同在

李家庄村

李家庄村位于尧都区土门镇，东临土门村，西连吴家庄，南接南坡村，北与辛店村为邻，全村以孙姓为主。村子依山而建，错落有致，民居以石窑、砖窑为主。

迎春接福

伍默村

伍默村位于尧都区金殿镇。村中的初级小学校建于民国二十年（1931），旨在扫除青少年文盲，提高国民素质。采用“壬戌学制”，学制四年，主要开设国文、算术、修身、体育、手工等课程。旧址现仅存大门，呈“八”字形，中部为券门洞。

國興四化文

伍级村

伍级村位于尧都区金殿镇，东临汾河，南连金殿村，西与伍默村为邻，北与东麻册村接壤。相传，古代一次大地震后，该村破坏殆尽，本村在外商贾回村探望，不得认，后根据该村原有的由五块巨石垒成的阶梯，才找到家门遗址，故后称为“伍级村”。村中的民居以一进两道门四合院为主，多为砖木结构，门楼高大，木雕精美。第一道门为大门，进大门正对的是位于厢房山墙上的照壁，照壁一侧是二门，又叫“迎门”，进了迎门才算真正进了四合院。

新年大吉

福福福福五福临

杜村

杜村位于尧都区尧庙镇，东临尧庙村，北连郭村，南与伊村为邻，西临汾河，滨河南路直通村内。相传，周成王灭唐，迁唐君于杜，称唐杜氏，后世以杜为姓，杜村为尧裔杜姓聚居之邑。

沟东村

威震華夏功德
義氣千秋生死

伊村

伊村位于尧都区尧庙镇，汾河东岸，是帝尧故里，因尧姓伊祁而得名。据《水经注》载："平阳城东十里，汾水东原上有小台，台上有神尧屋石碑。"当地村民称为"尧王圪"，现存明朝万历年间临汾县令所立石碑"帝尧茅茨土阶"。

神刘村

刘神村位于尧都区尧庙镇南，东临大运路，南靠下靳村，西接滨河南路，北连伊村。神刘原名神留，传说尧王时代，神留叫“毛家屋”，因毛丞相居住此地。有一年，天下大旱，毛丞相和村民救了路过的母女二人。次年天大涝，眼看洪水要淹没村庄，变成神蛇的母女二人施法保住了村庄救了村民。为纪念两条神蛇的保村之功，毛丞相决定把村名改为神留。中华人民共和国成立后嫌神留的迷信色彩太浓，改成了神刘。又传尧子封于刘，以刘为姓，后世为尧裔刘姓聚居之邑，故名神刘。

涧头村

涧头村位于尧都区西部汾河西岸，原西关渡口西岸，隶属刘村镇。东临汾河，南接韩家庄，北连上下涧北，西与泊庄、泊段接壤。村名与涧河有关，相传古代平阳府西城门正照对岸涧河，注入汾水处的村叫涧头，府官嫌对府城风脉不好，遂面向西磕了三个响头，涧河竟改道于南，由东麻册村而入汾河。随着城市的发展，涧头古村落如今已全部拆迁，不复存在。

南片

襄汾县

襄汾县位于临汾市中南部，东邻浮山、翼城，西傍乡宁，南毗曲沃、侯马、新绛，北连尧都区。总面积 1028 平方公里，辖 7 镇、6 乡。

襄汾县由襄陵、汾城两县于 1954 年合并而成。襄陵，汉初建县，西汉属河东郡，三国魏、晋至北魏均属平阳郡。北齐并入禽昌县，隋改禽昌为襄陵县，唐析置浮山县。宋属晋州，金属平阳府，元属平阳路（后晋宁路），明清属平阳府，民国先属河东道，后属山西省。汾城县，汉初建临汾县，属河东郡，三国魏、晋属平阳郡，北魏改为泰平县，北周改为太平县，属平阳郡。隋、唐、五代、宋、金均属绛州，元属晋宁路，明清属平阳府，民国初改名为汾城县，先属河东道，后属山西省。1954 年 4 月两县合并为襄汾县，1958 年 11 月撤销襄汾县，原襄陵境并入临汾县，原汾城境并入侯马市，1961 年恢复襄汾县至今。

境内旧石器时代丁村遗址、丁村明清民宅、新石器时代陶寺遗址、汾城古建筑群、史威村普净寺为全国重点文物保护单位。

襄汾的古民居多为四合院式建筑，院落多建有正房、过厅、厢房、门楼等，多为砖石木质结构。建筑注重装饰效果，木雕、砖雕、石雕相映成辉，人物、花卉、飞禽、走兽与古典戏曲、历史故事等融为一体，雕刻图象栩栩如生。民居建筑多按阴阳八卦布局，典型的有丁村民居、汾城古村落和南高刘家宅院等。

丁村

丁村位于襄汾县新城镇南的汾河东岸，1954 年就因附近发现了丰富的旧石器时代文化遗址和丁村人化石而蜚声中外。丁村不但有丰富的古文化遗址，还保留着一批自明万历年间至清代末年的民宅建筑群，其规模之大、建筑之精、装饰之巧、保存之完好，在全国实属罕见。1988 年被国务院公布为全国重点文物保护单位。丁村因丁氏族人辟滩建村，筑墙建屋而取名丁村，村庄布局犹如“金龟戏水”，由东北至西南依次分成北院、中院、南院、西北院四部分。保存较好的院落有 40 余座，四大建筑群以建于明万历三十三年（1605）的观音堂为中心，以丁字街为经纬，分布于四方。北院以建于明万历年间的建筑为主，系八品寿官丁翰卿的产业，清乾隆年间其子孙又有大批续建。中院以清代雍正、乾隆年间所建居多，系北院丁翰卿之同宗兄弟丁松清之子孙丁衔武、丁坤所建，后有道光年建者，系丁坤之重孙丁庭柱所建。南院既有丁玉恩建于明万历四十年（1612）的宅院，也有其重孙丁建文、丁建武建于清乾隆二十年（1755）的院子，还有丁建文之孙丁殿清等建于道光、咸丰年间的房屋，均系一脉。西北院较为分散，民宅较少，以乾隆、嘉庆年间为主。丁村民居以一进四合院和二进四合院为主，建筑风格独特，木雕、砖雕、石雕精美，多以檐枋花板、雀替、斗拱、厅内梁架及门廊柱础、门枕石和天井踏石为载体，雕刻花草瑞兽、吉祥图案、民间故事等。明代雕刻多小巧精细，清代雕刻繁复多变。

如果追溯年代的久远，从这里可以回到人类的旧石器时代重头再来；如果要寻求民居历史的断代，清晰的明清两代四合院彰示了先辈日常生活的状态；如果还要寻求文化的精髓，那么元代的石槽与明代的石槽可以直接对比，万历四十年与咸丰三年的花厅可以相互印证。丁村的魅力不仅仅来源于人类发展史，还应该来自于特定历史时期的社会史。

二十世纪 90 年代，为了拍摄这张全景照片，作者在下雪天爬上移动铁塔，在寒风中留下这张极为珍贵和惊险的丁村全景图。

東海南山

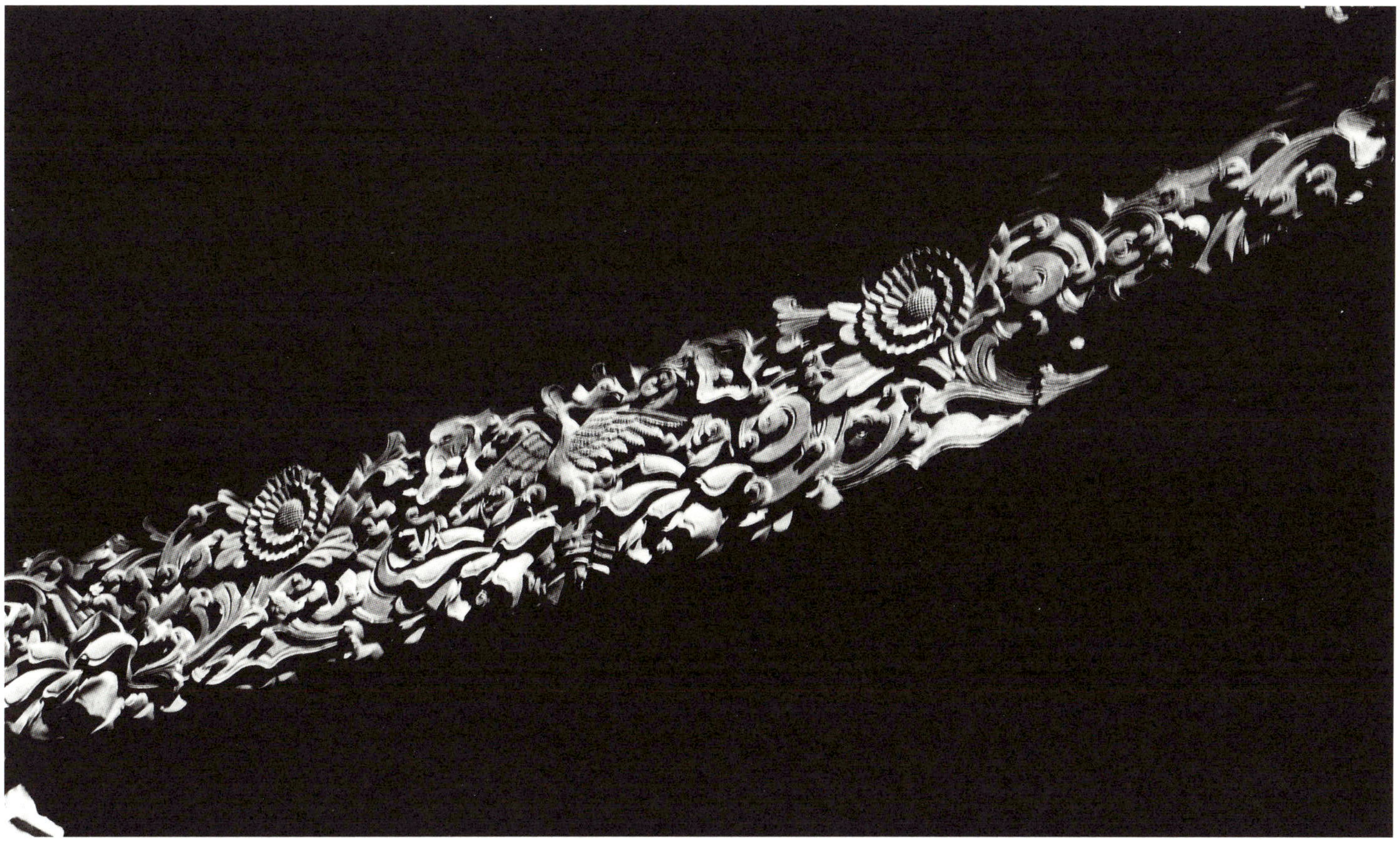

所其無逸

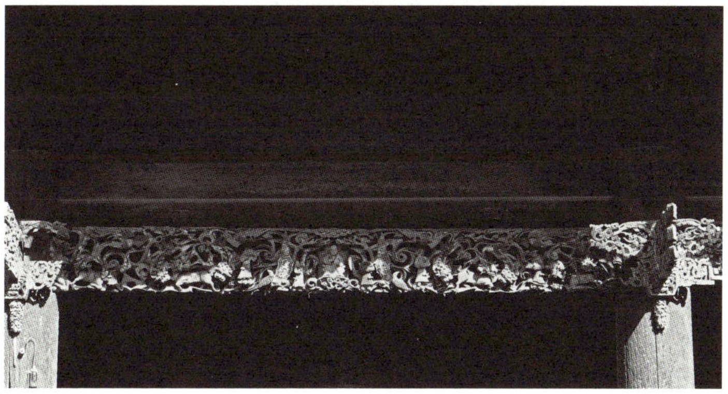

劳致富万家喜

衣冠简朴古风存

门第清高光世泽

衣冠简朴古风存

坦蕩

庸德可風

丁村民居体现的不仅仅是每个院落的完整，更多的人文传承为这座历史悠久而又保存完整的民居宅院增添了诸多故事。特有的精致砖雕对联、门口各异的石质雕花抱鼓、高浮雕柱础、满面砖雕影壁，体现的正是一代代聚居乡民对于故土的热爱和对美好生活的期盼。

北柴村

北柴村王家是清乾隆、嘉庆年间平阳府的四大家族之一。王协在乾隆南巡时，两次承办接驾差务，乾隆皇帝曾封赏王家七代高官厚禄。王家经营着河东盐业运销业务，盐号遍及山西、安徽、江苏、浙江等省，每年获利丰厚。

題名忠義孝弟祠義門王勛之妻李氏
汎彼柏舟孝思維則

北膏腴村

北膏腴村位于姑射山下，西通乡宁、吉县，南达新绛、稷山，北邻襄陵、平阳，是重要的交通枢纽。清乾隆以来，发展为商贸中心，村里商铺应有尽有，在外经商的人多，村里盖好房子的人也多。从残留的古民居依然可见昔日的规模和布局。

北膏腴村的九级实心砖塔或许只为昌文所用，公共道路两边散落的神龛与小庙更加增添了这座村庄的神秘。

北焦彭村

北焦彭村位于襄汾县古城镇西南 5 千米处，东临南相李村，南连薛庄村，西与料角村为邻，北与安平村接壤。村中的东岳庙创建于元代，清乾隆年间重修。南焦彭村的关帝庙创建于康熙年间，道光三年（1823）重修，二进院布局，中轴线依次建有牌楼、正殿，两侧为耳房、钟鼓楼、东西厢房。

北蔺村

北蔺村位于襄汾县南辛店乡西北部，东临北许村，南连南蔺村，西与西梁村为邻，北与黄崖村接壤。

伯虞村

伯虞村位于襄汾县新城镇南部，东临蒙亭村，南连南庄梁，北与丁村接壤，西望汾河。伯虞村是帝尧时期的重臣伯益的封地和故里，伯虞村原名伯益村，清康熙年间太平县知县吴轸避讳圣贤名讳改为伯皇村，道光年间，又根据《尚书·尧典》中舜帝言：“汝作朕虞。”改为伯虞村。村中现存关帝庙一座和建在泊池边的南殿一座，明清民居多已残缺不全。透过老街旧宅、古井碉楼，仍能看到古老村庄的悠久历史和辉煌过往。

伯虞村的古戏台至今还能使用，戏台背后的蓄水池还在为居住的村民提供生活用水，戏台下面通透的门洞或许是为了更好的音响效果而设计。村里还存有富有禅意的“怀德”院院门和高耸的观稼楼，过街的“桂香峰”门楼也是通往村内的主要干道之一。

仓头村

仓头村位于襄汾县南贾镇，东临汾河，南连裴村，西与东牛村接壤，北与下鲁村为邻。村中的伯王庙，创建年代不详，现只存正殿，面阔三间，进深四椽，硬山顶，元至正十五年（1355）重修。

车口村

车口村位于襄汾县汾城镇西南15千米处，东临贾岗村、辛丰村，北与西城村相连，南与高庄村交界，西与新绛县乔沟头村接壤。车口古村建在一山坳里，民居以石窑洞为主，依山势而建。古村庄现已全部移民。

车口村的房屋大多为依山而建的石券窑洞，这里的石券并非打磨过的整齐石条，面是随形的天然石，这就要求建造的工匠有加倍的细心与耐心来完成这些看起来相对浩大的住宅工程。

嘉善

邓庄村

邓庄村位于襄汾县邓庄镇，东临西侯村，南连小郭村，西与下西梁为邻，北与西秦村接壤。素有“尧师故里”之称，是东晋名臣邓攸故里，村东南有邓仆射墓。邓庄自古是晋南著名的造纸之乡。

东刘村

东刘村位于襄汾县南贾镇，东临汾河，南连上鲁村，西与南贾村为邻，北与中尉村接壤。

耕讀

太山石敢當

介景福

东徐村

东徐村位于襄汾县南辛店乡东部，东临汾河，南连中陈村，西与西徐为邻，北与北陈村接壤。

寧靜

段村

段村位于襄汾县邓庄镇东南部，东临大苏村，南连西社村，西与东侯村为邻，北与户村、大王村接壤。

汾城镇

汾城镇位于襄汾县西南部，距县城 18 千米，西与乡宁县毗邻，东与西贾乡接壤，北与古城镇景毛乡相连，南与赵康镇交界。系原汾城县所在地，因地处汾河岸边而名汾城，又名临汾城。汾城古建筑群占地面积 12320 平方米，总建筑面积 7886 平方米。现存从金淳熙十年（1183）到清末的官署、庙宇建筑遗构十余处，约四十座古建筑。从宗教建筑到文庙，从衙署建筑到商铺、民居、古桥梁，共同描绘了古代县城发展的图景，真实反映了封建社会县级城市的政治、经济、文化等方面的历史状况。以鲜明的时代特征反映了山西晋南县城民居建筑的最高水准，是地方建筑艺术造型、风格结构、材料施工的范本。2006 年被国务院公布为全国重点文物保护单位，2007 年被确定为国家级历史文化名镇。

建于崇祯四年（1631）的汾城城墙保护了城内居民的安乐。城内的文庙建筑群与城隍庙建筑群主体保存相对完好，雕刻的精美程度与信徒的虔诚程度相当，城隍庙戏台前的花瓶式柱础区别于常见的柱础风格，造型较为罕见，文庙大殿门前干枯的侧柏印证着历史的悠远。

贡院外的文峰塔是汾城的至高点，而楼院的三层山河楼或许是全村民居的制高点。

到种子站

督工聽選典史
國册張會自西
門至北敵臺計
四十四丈九尺
崇禎四年孟夏吉
旦管石吏吳禧
黃岡魏公韓創立

欞星門

文物安

大世界
志敏
玻璃装璜

忠義孝弟祠

生萬物
千祥

福寿村

福寿村残存的福、禄、寿三星人物及松、梅、兰浮雕影壁彰示着高氏民居昔日的辉煌。

古城镇

古城镇扼守峪口，为西山各县粮食出口要地；又因北通临霍，南达绛解，地处南北交通要地，故商业发达，市面繁荣。抗战前村内就有商号数十家，钱铺四家。

河

春華

家村

家村又称“仁和里”，位于襄汾县城西南25千米处，南望汾河，西有九原山做屏障，东面是广阔的土地。家村以姓氏得名，昔时以家、王、邢、赵四姓并居，以家姓为主户，而后李、张、姚、梁、段、宋等姓氏迁入。家村文物古迹和人文历史蕴含颇丰，是有名的文化古村落。明清时期，家村的四合院有百余处之多，现遗留下来的还有十余处，造型别致，古朴典雅。村里还保存有明代古城墙和南城门、王氏将军照壁、家氏祠堂、白衣菩萨店、家氏当铺院等。

这不是张家，也不是李家，是家家。“家”姓在百家姓里排名也不靠前，全国的人数占比或许也不是很多，但是他们在这里代代相传，延续着家族的繁荣。

蒙亨村

蒙亨村东依乔山，西临汾河，是历朝历代兵家必争之地，也是商贸运输的重要通道。清乾隆年间，这里曾设驿站。村里以田、毛两姓为主。毛氏家族自明代后期在今曲沃高显镇开办了魁泰和烟坊，生意日渐兴隆，到清中后期商号遍及张家口、绥远、上海、天津等地。因其财富多、名声大，又一直居住在蒙亨崖上，当地至今流传着“曲里、柴庄顶不住蒙亨崖上”的说法。

燕翼
丽日和风
长春花下有金
幸福堂前

南高村

南高村刘家曾是清初平阳府四大家族之一。刘家为官始于明朝后期，先祖为刘和。刘家兴盛于十世刘体正，传到其次子刘向经时已在全国开办商号 100 多家。清光绪末年至民国初年，刘家的代表人物刘笃敬积极参加向英国福公司争回山西矿权的斗争，兴办山西第一座发电厂、面粉厂，办起了矿业、纺织业、盐业以及学校等实体。刘笃敬曾担任山西商会会长、同蒲铁路太原榆次段总办，被誉为山西近代民族资产阶级的楷模。现如今刘家 90 多座深宅大院大部分已损毁。

南膏腴村

南膏腴村位于襄汾县汾城镇西部，东临程公村、孝村，南连吴兴庄村，西与大有村、段家沟为邻，北与北膏腴接壤。

南贾村

南贾乃西周姬公明（史称古贾伯）之封国，国人以贾为姓。南贾村整个村子被一道崇祯五年（1632）黄土夯筑的寨墙围着，村中现存古民居基本上是明清建筑。村中以郭李两姓为主，光以大院为名的古巷就有五条。北边叫“头院巷”，基本由李家居住；“二院巷”东头多李姓，西头多张姓；“三院巷”“四院巷”“西巷里”“西门里”基本上全是郭姓居住；“五院巷”东头李姓居多，西头则全是郭姓；“北关”则以鲁姓为主。整个村里虽也有贾、卫、闫、王、周、程、刘等杂姓，但仅一两家而已。大的院落由大门、街门、主人居住院落、长工居住院落、牲畜房、车房、麦场等主要部分组成，各自形成一个封闭的小天地。现存古民居以“四院巷”的郭氏民居和“五院巷”的李氏“楼院里”与“西岸院”最为典型。

迎旭

由道

DA
XI

信用至誠山

遵道

南蔺村

南蔺村位于襄汾县南辛店乡北部，东临北许村，南连北关村，西与梁段村为邻，北与北蔺村接壤。襄汾县最早的戏班永胜班，就由南蔺人创办。

南辛店

南辛店又叫“木梳店”，位于襄汾县西北15千米处。三百多年前该村就制作木梳，清代由起初的5家发展到200多家，时间长了人们就把这个村叫作“木梳店”。到了民国才改为现在的称谓——南辛店。

上鲁村

上鲁村位于襄汾县南贾镇，东临汾河，南连东牛村，西与张坦村为邻，北与东刘村接壤。

陶寺村

陶寺村位于崇山西麓，汾河以东，县城东北 7.5 千米处，帝尧在此建都，中华文明肇始于此。陶寺为汾东较大村庄，关帝庙西北街是条商业街，昔日商贾云集，十分繁华。

尉村

尉村位于襄汾县汾城镇西北边缘姑射山下，与乡宁县相邻，距襄汾县城23千米。东临西中黄村，南连三公村，西与南角村为邻，北与料角村接壤。全村以尉、曹、贾、毛姓为主。尉村又称“鄂公堡”，是春秋时期晋鄂公的军事驻地，曾是屯兵驻守的军事堡垒。一说尉村为唐代初年尉迟敬德的封邑，村以封邑名。村中的跑鼓车列入了国家级非遗名录。

无姨村

无姨村位于襄汾县南辛店乡南部，东临中陈方里，南连司马村，西与福寿村为邻，北与南辛店接壤。相传此地为“丹朱认母处”,因尧王长子丹朱的母亲鹿仙女系鹿仙所生,并无姊妹,此地形成村庄后就起名“无姨村”。

无姨村还有更多精彩的故事待我们去寻求，“敦素”的门额又增加了对此来历的好奇。倒塌的砖雕门或许记录下了这里发生的一切，只是现今的我们无法读懂他们的语言。

西邓村

西邓村位于襄汾县南辛店乡东部，东临西徐村，南连中陈方里，西与南辛店村为邻，北与北辛店、刘庄村接壤。全村以郭姓、贾姓为主。村中有一棵八百余年的古柏，颇为壮观。

西毛村

西毛村位于襄汾县西贾乡，距县城西南 18 千米。东临万东毛村，南连兴隆庄村，西与安咸平村相邻，北与西贾村接壤。相传远古时期，上毛村住着一个毛姓部落，随着人口的增多，有一部分迁到了村西，起名西毛。唐贞观年间西毛属太平县德进乡辖，为区别同名村庄，便在村名前冠以乡名的第一个字加以区别，遂叫德西毛村。村子有三条东西向的街巷，分别为毛家巷、北院巷、牌楼巷，还有一条南北向街道。村中牌楼是建于清道光二十年（1840）的武德骑尉诰封奉直大夫廉风旅为其妻立的节孝坊。

西南李村

西南李村位于襄汾县西贾乡，东临襄汾西站，南连西贾乡，西与西李村为邻，北与北李村接壤。北临襄乡公路，东临京昆高速公路，交通便利。西南李村因赵国名将李牧后裔居住此地而得名。村中堡墙还保存着村门等古迹，民居以四合院为主。

西徐村

西徐村位于襄汾县南辛店乡东部，东临东徐村，南连中陈村，西与西邓村为邻，北与北陈村接壤。村中的三教庙创建年代不详，从大元元统三年（1335）起历代都有重修，现存戏台、大殿、东西偏殿。东偏殿为东岳庙，创建于明正统七年（1442）。西徐村是抗日将领徐积璋故里。

下鲁村

下鲁村位于襄汾县南贾镇，东临汾河，南连仓头，西与东牛村为邻，北与石沟村接壤。

西中黄村

西中黄村不但有耸立的春秋楼，还有张家大院里的观望楼与其双峰而峙。春秋楼见证的是全村的历史，而观望楼更多关心自家的安危。

西中黄村是个砖包城墙的古村落。高大的城墙环绕四周，由知县魏公韩于崇祯四年（1631）书写的北城门“武安门”石额清晰可见。西中黄村的民居多为明清建筑，有人称“城中城”的高大城里院；有建筑别致典雅的七椽院；有至今保存完好的七米高围墙的旗杆院。村中古民居的特点是间口小、入深浅、地基深、围墙高、大立木、有拐铁，设施完善，坚固方便。村中民居以创建于明崇祯六年（1633）的进士院和创建于崇祯十五年（1642）的王化城旗杆宅院最为典型。村中有大小庙宇23座，特别是关帝大庙的春秋楼，至今仍保持原貌。

薛村

薛村位于襄汾县襄陵镇，东临浪泉和南、北太柴，南连景村，北靠井头，西与乡宁县石家庄，尧都区高家庄、郭家庄接壤。相传薛村始建于帝尧时期，村西建有帝尧的行宫，有一薛姓人家在此居住，取村名薛家屯，后有贾、加两姓迁来居住，村子形成了贾家胡同和加家胡同组成的大村，为怀念薛姓人的立村功劳，村名取成薛村。村中民居以四合院为主。

荀董村

荀董村位于襄汾县南贾镇，东临柴寺村，南连大柴村，西与南高村相邻，北与西郭村接壤。襄乡公路穿村而过。因村中出过春秋时期晋国大夫荀息、董狐两位名臣，故取名荀董村。荀董也是著名的中药材集散地。

高家巷

浮山县

浮山县东汉、西汉，三国魏、晋为襄陵县地，北魏、北齐为禽昌县地，隋为襄陵县地，唐武德二年（619）析襄陵县置浮山县，后改名神山。宋康定元年（1040）移今县城，金大定七年（1167）复名浮山县，兴定四年（1220）改为忠孝县，元复名浮山县，明、清因之，1958年曾并入临汾县，后复置。

县因山飘浮而得名，相传东南有山，尧舜时洪水横流，其山随水消长，其形若浮，故名浮山。境内梁村老君洞为全国重点文物保护单位。

酸枣沟村

酸枣沟村位于浮山县东张乡，东临李村，南连朱村，西与续家庄村为邻，北与柳曲村接壤，203 省道从村西、村北而过。酸枣沟的大院算不得精彩，但楼院中二层的镂空勾栏还昭示着建造者的轻奢。

东陈村

东陈村明清时期达官显贵、名商巨富层出，建有四合院民居 60 余处，现在遗留有 20 多处，尤以李家大院规模宏大。民居中有的重阶高楼、气势宏伟；有的一门双进或一门多进，穿堂过厅、屋宇相连；有的以甬道相通，左右排列，建筑工艺精湛，风格迥异。

建于乾隆年间的东陈村李家民居尽显书香风范，无处不在的修身格言与治家方略让李家的后人从小便铭记做人的道理。村前乾隆四十九年（1784）建的节孝牌坊是为李家王氏而建，这位王氏先人的事迹或许至今仍在村内流传。

建于公共道路边上的人生格言影壁砖雕既教谕后学者读书识字的道理，也提醒当下人谨慎做人的原则。这种无形的教化时刻深入居民的脑海，其民众素质焉能不高？虽做不到“谈笑有鸿儒”，但全村至少是“往来无白丁”了。

“志欲光前”“心存裕德”的寿字影壁与“孜孜汲汲以成其事”“兢兢业业以立其志”的朱子格言相对应，体现的是相通的儒家观念，认同的是“人皆趋彼，我独守此”“人皆迁之，我独不移”的立命之本。有了这样的认同，便留下了李家民居世代繁衍，不迁不移的乡村文化，留下了我们至今还能看到的在此守候祖产的李家后人。

无处不在的砖雕并不是简单的（如“五福捧寿”等）吉祥如意图案，还有更多对传统文化的深层次理解，如“蜀犬吠日”“吴牛喘月”等传说和民间故事的提炼，更多的是对于后代年轻人的人文关怀。

李家民居 8 号院的西厢房可谓精美，石鼓柱础下的包袱承柱石浮雕栩栩如生，各种装饰花纹也各具特色，反映了清代先祖的建造理念。可惜现在居住的后人已经不能完全理解这些文化符号的内涵和意义。西房两边的回廊影壁上雕有“灵山青松”和“寿石翠竹”两幅青砖浮雕，寓意着高洁的做人气节和美好的幸福生活，这也是世世代代李家人对于日常生活的美好向往。

朱村

朱村位于浮山县东张乡，东临李村，南连南朱村，西与南畔村为邻，北与柳曲村接壤。村中存有麒麟照壁，壁底砖雕须弥座，束腰部分刻卷草图案，壁心雕麒麟望月，仿木结构瓦檐。

时下的影壁显然是加入了近期好事者的“功劳”，天下大同的桂林山水风景瓷砖影壁显得不伦不类，但这些倒不是最担心的，至少还填补了“空白”。最担心的是原来的壁芯去了哪里，如果照这样的思路做下去，那么这座房子的其他部件或许也会在不久的将来消失殆尽。

侯马市

侯马，古称“新田”，是春秋时期“五霸”之一晋国晚期的国都。春秋、战国、秦、西汉为绛县地，东汉、三国魏、晋为绛邑县地，北魏后历代皆为曲沃县地。1958年11月，曲沃、新绛、汾城三县合并，设侯马市，1963年撤销，仍为曲沃县地。1971年6月恢复侯马市，属临汾地区。境内铁路、公路四通八达，是山西南部重要的交通枢纽。

晋国遗址位于市境西，为全国重点文物保护单位。古民居以明清砖木结构的四合院为主。

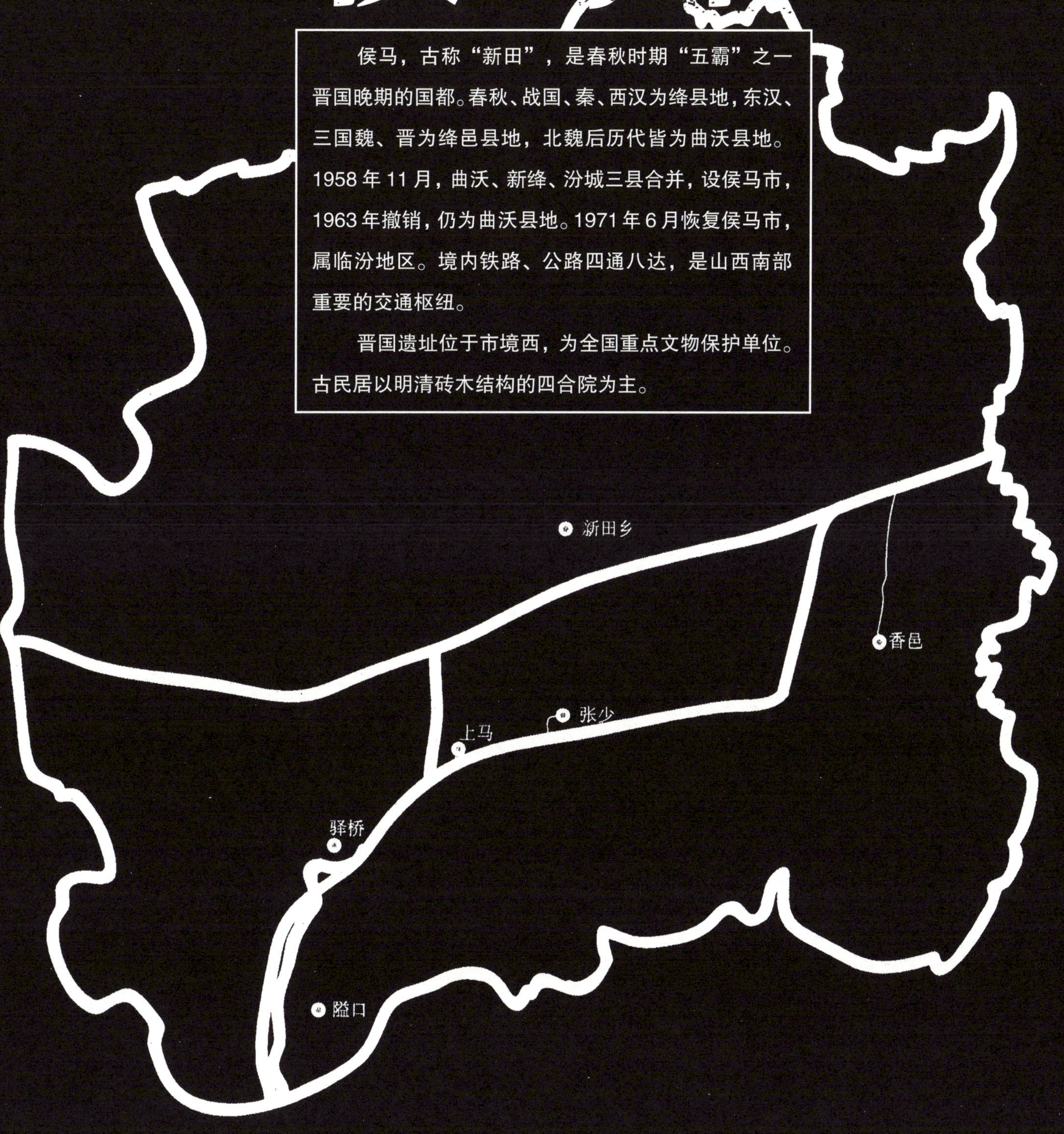

张少村

张少村位于侯马市南部，隶属上马街道办事处，东临单家营村，南临程村，西与上马村为邻，北与垤上村接壤。村内自古就有“头枕紫金山，脚蹬浍河滩”之说。村中的卫氏节孝坊建于清道光十四年（1837），民居多为一进四合院布局。

张少村口耸立的卫氏节孝坊无疑是石雕牌坊的精品之作，浮雕与镂雕相结合，体现的不仅是天子的威严，更是卫氏的贞洁。

情深谱成同心曲
意合浇开并蒂花

上马村

上马村位于侯马市上马乡，大运公路北部，浍河南侧，东临程村，南接史店村，西与汾上村为邻，北与下马村接壤。该村民国七年（1918）《重修阖村五庙暨创建马王庙碑记》记载了村名的由来："沃邑西南一舍许，有村曰上马。或曰其地距侯马之南，从前驿递往来必经，自侯马望之，马首翘动，以此为名。"

简洁的上马村城垛式门楼内存有为一位继妻贾氏立的石雕节孝坊，建于乾隆四十一年（1776）。两边新建的民居已然侵蚀了他的空间，不知多少年后，也许会人为地倒塌，为现有的居住者争取更多的生活空间。

隘口村

隘口村位于紫金山西向延伸的高坡上。东靠崇山峻岭，西临深沟险崖，北临大运公路，南与运城市闻喜县槐林村相邻，南同蒲铁路穿村而过。

五代天福年间该村称“厄口”，清代称“隘口”，因地理位置险要而得名。唐代在此设铁岭关，又称铁刹关，由尉迟敬德镇守。村南紧挨铁路的东边有阎锡山统治时期修建的停藏火车头的砖石券窑洞。

驿桥村

驿桥村位于侯马市上马乡浍河以南，饮马沟以东，东临史店村，南连呈村、上院村，西接虒祁村，北与汾上村接壤。因村东有一座木桥，是明清年间侯马驿站至闻喜县涑水驿站的驿道必经之地而得名。明洪武八年（1375）在侯马建驿站前，该村叫九杨村，因村北有九棵高大的杨树而得名。驿桥村的形状似“船”，南北长，为船头船尾，村西的阁楼为桅杆。村西原有宋嘉祐八年（1063）建造的传教寺一座，现已不存，寺内的传教寺塔为方形七级密檐式砖塔，现保存完好。

禁止吸烟
严禁烟火

天王殿

香邑村

香邑村因春秋时期晋国国君在此上香祭祖而得名。村南有香邑湖，村东有浍河，村北有关帝庙，村内有龙泉寺，寺内古柏成荫，石碑相映。浍河绕村而过，经年冲刷，民居受其影响，毁损严重。

世惠

永慶

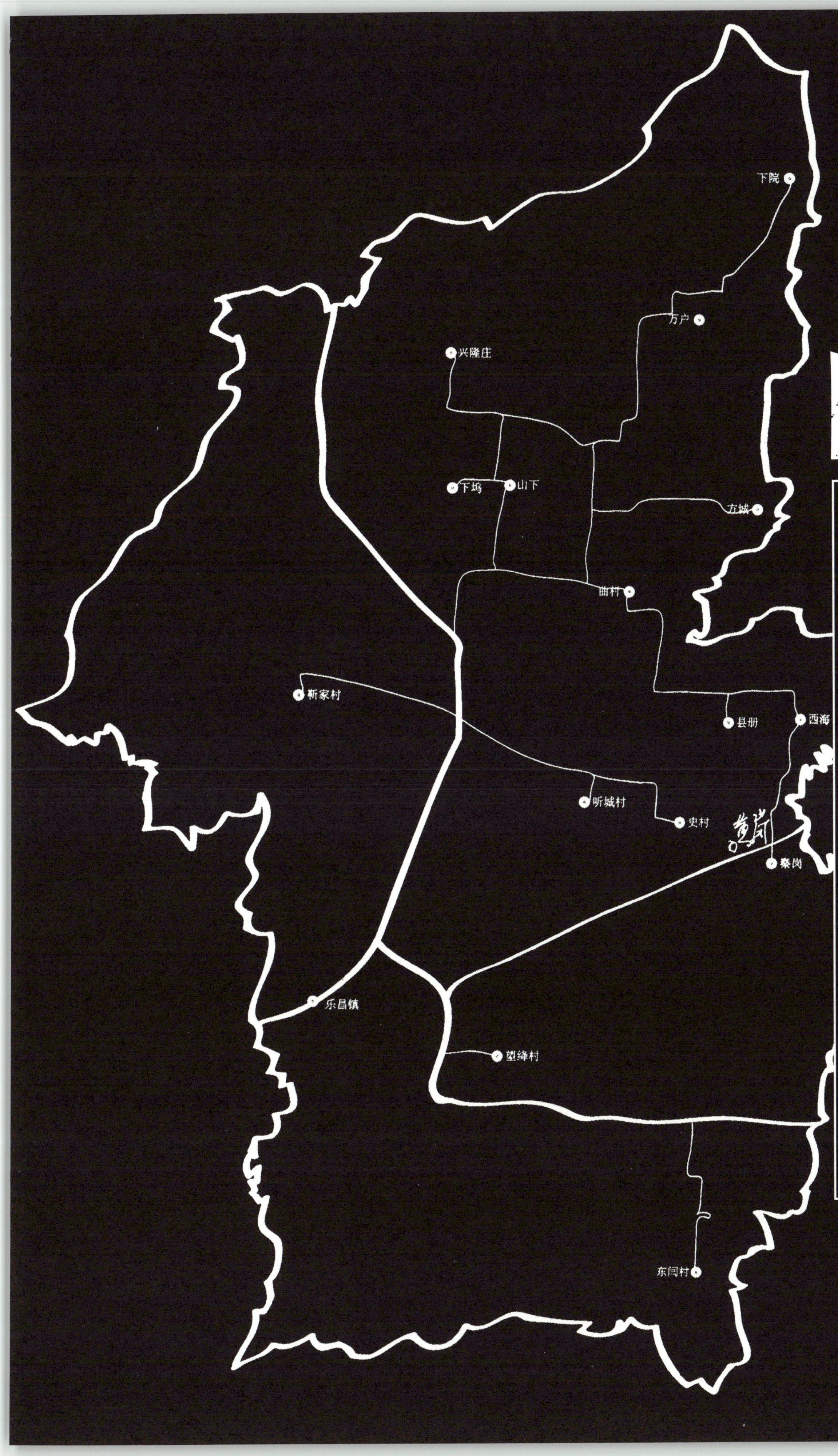

曲沃县

曲沃之名始于西周初期，为古晋都地。春秋时期为晋国绛县地，战国时属魏。秦、西汉为绛县地，东汉、三国魏、晋为绛邑县地。北魏太和十一年（487）置曲沃县，自此历代无更改。1958 年并入侯马市，1963 年复置，1971 年 8 月从侯马市分出。

境内曲沃大忠院、曲村—天马晋国遗址为全国重点文物保护单位，景区有景明沸泉风景区、浍河水库风景区。古民居以明清建筑为主。

曲沃的古民居注重门楼的装饰，木雕装饰不惜工本，雕刻惟妙惟肖，圆雕、浮雕、透雕运用自如。院落等级分明，多采用对称设计，正房高、厢房低，体现礼教中的尊卑有序，如县城的薛家大院、兴隆庄民居。

曲沃的乡村里至今依然保留着人类最为原始的祭祀舞蹈——“傩戏”，这些遗留下来的文化和留存的古代建筑共同构建成了人类的文明，见证了生活方式的改变。

县城

曲沃乃“天府雄风”“三晋重地”，历史上曾是“武公据之以兴晋，文公依之而称霸”的古晋国之都城，至今矗立的精美木结构四牌楼依然见证着这里发生的一切。

下院村

下院村位于曲沃县城东北 24 千米处的塔儿山脚下，属杨谈乡辖。北连上院，东西临沟，南与乔麓庄、万户、杨家庄接壤，东西分别为翼城、襄汾县界。地势东北高，西南低，属丘陵地带。下院以地理位置命名，明代为平阳卫屯地，称下院屯，沿至民国后称下院。村中民居以四合院为主，何家宅院建筑考究，为清代所建，木雕精美，保存完好。

崇儉

崇儉

万户村

万户村位于曲沃县杨谈乡东北部，东临新桥村，南连八顷村，西接沟东村，北与杨家庄村接壤。万户村因史得名，村北部古称见贤村，因晋平公见晋国贤人亥唐于此，故名。南部古称漫户，因被洪水漫过，故名。清乾隆年间两村合并，村大户多，更名万户。村南有建于清嘉庆年间的九层古砖塔 1 座，保存完好。

金牛賀歲
金牛獻瑞萬里笑春風

兴隆庄村

兴隆庄村位于曲沃县杨淡乡。村中残存的古民居由并列的两座单进院落组成。上院的门楼保存完好，大门檐下木雕精美绝伦，通间雀替透雕博古、瑞兽、花卉，尤以两边的白菜最有特色，寄托着主人日进百财的美好愿景。下院现存南房、北房，北房为二层砖木结构，面阔三间，单檐硬山筒板瓦顶。一层明间设砖券门，安砖砌方窗；二层明间置格扇门，安栏杆栏板。

富貴平安
門迎富貴平安福
福盈門

1133

下坞村

下坞村位于曲沃县曲村镇。东临山下村，南连闻喜庄村，西与南柴村为邻，北与新下坞接壤，是塔儿山下的一个大村庄，全村以郑姓为主。下坞村其名称来历由地貌得名，因位居坬顶山下洼地，坞者洼也，故名。下坞村是晋南烟叶的肇始之地，曲沃最早的烟叶作坊“永兴和”生产的“郑世宽”烟，就产于此村。村中民居以清代建筑为主，多为一进四合院布局，以郑家宅院、柴家宅院为代表。郑家祠堂建筑考究，精美古朴，建于清中期。

山下村

山下村位于曲沃县杨谈乡西南 3 千米处。东临容裕村，南连闻喜庄，西接下坞村，北与杨谈村接壤。因村子处在垆顶山下的平原地带而得名山下村。明代称山下王村，清咸丰年间因重名而更名为东山下，后演化为山下村。

佳年致富财源

方城村

方城村位于县城东北19千米处，距曲村镇4千米，村东南有尧都沟，是曲沃和翼城的分界地，西南同北赵村接壤，西北与下陈村相连，北与小巨村为邻。据金代碑碣载，方城古称丰城，元代改为方城。西汉汾阳侯靳强墓位于村北。明清至民国时期，方城张家经营的“乾育昶”药店是远近闻名的大商号，持续经营460多年，经营的香料还供应当地30多家烟坊。村东有元代建筑黄帝庙。

日
福
秦叔宝
月
禄
尉迟恭

曲村

曲村位于曲沃县东北的曲村镇，距县城 15 千米。东临北赵，西连修义、吉祥，北与东容裕、白冢相邻，南与郇村、吉许隔河相望，地势平坦。曲村原名距村，曲村为镇，始于元初。因村庄建在一片墓冢之中，村中道路因有冢而弯曲，故取名曲村。曲村春秋时为晋国始封地，晋国早期都城故绛之地。村中的大悲院始建于唐太和元年（827），建于元代的丁字街道格局至今未变。民国以前，大街上的商业字号多达 50 家，涉及 40 多个行业，卷烟作坊达 80 多家。

用"三个代表"
干部头脑

诚实勤
文明活

西海村

西海村位于曲沃县城东北 15 千米处，东望东海，北瞰滏水，南靠绵岭，西邻羊舌，地势南高北低。属史村镇辖。西海，因地理位置得名。古属翼城，宋嘉祐四年（1059）划归曲沃。因位于星海温泉之西，更名为西海，与东海相邻统称海头。村中存有重建于清道光年间的龙王庙。

靳家村

傳家

听城村

听城村位于曲沃县城东北8千米处。东临史村，南连南常，西与东许为邻，北与河上接壤，属史村镇辖。听城，因演化得名。春秋时称“陉庭”，明称“庭城”，后演化为“听城”。明清之际，有“听城烟叶甲三晋”之说，建于村东南的清代吉家宅院，保存较好，仍显当年风貌。

崇德

敬本

便益

迪吉

秦岗村

秦岗村位于曲沃县城东 13 千米，浍河北岸，绵岭高地。东临翼城与樊店相毗，南望浍河水库，西邻东吉必，北与晋韩公路相连，属史村镇辖。秦岗，因史得名，古称“寻岗”，为秦晋通燕赵要冲，邑人游吴越齐梁者，必寻此路而行，故名。后因村有秦氏大户，以“秦”代“寻”遂称秦岗。因其独特的地理位置，战国时期的浍北战场、抗战时的秦岗阻击战，都发生于此。

县册村

县册村位于县城东北 15 千米，绵岭北麓。北临滏河冲积平原，东为羊舍村，西望周庄村，地势南高北低。县册原属翼城县辖，宋嘉祐四年（1059），因争水事划归曲沃，得今名。县册因史得名，其说法有三。一说：册封，是帝王封赠臣下的一种制度，后世应用渐繁，有“献册”“祝册”等名目，顾名思义，可能是“献”的谐音，称县册。二说：晋武帝时，村民董家为县衙制作竹简（册）而得名。三说：传为县衙保存钱粮册得名。

史村

史村位于曲沃县城东 12 千米的绵岭腹地。东临张范，西接听城，南望辛村，北与东常、周庄接壤，属史村镇辖。境内地势平坦，晋韩公路、侯月铁路横贯村南，侯阳高速横穿村北，交通便利。史村因史姓最早居于此地而得名。

黄岗村

肯構

肯堂

望绛村

望绛村位于县城东 2.5 千米的绵岭南麓，浍河之阳，浍河渠从村内横贯而过，属史村镇。东临常村，西邻曲绛公路，南隔浍河峡谷和上、下裴庄相望。望绛村一说因史得名，春秋时期为绛县老人故里，晋大夫赵孟崇敬老人，顾望不止，遂名望绛。一说因地理位置得名，因位于绵岭南麓，浍河之阳的高阜，眺望绛山、绛水，历历在目，故名望绛。该村历史上以种植烟草、辣椒闻名。

东闫村

东闫村位于曲沃县东南18千米处。东临运城绛县，南傍滏沟水库，西连西闫村，北通下郇村，属北董乡辖。东闫村因姓氏得名，是北董乡最大的村。村中寺院庙宇众多，四月初八为传统庙会。明代霍州、蒲州学政曹端祖籍东闫，一生著述甚多，留有名句“吏不畏吾严，而畏吾廉；民不服吾能，而服吾公。廉则吏不敢欺，公则民不敢犯。”被历代执政者视为“座右铭”。

啟後

新春大吉

安貞

安貞

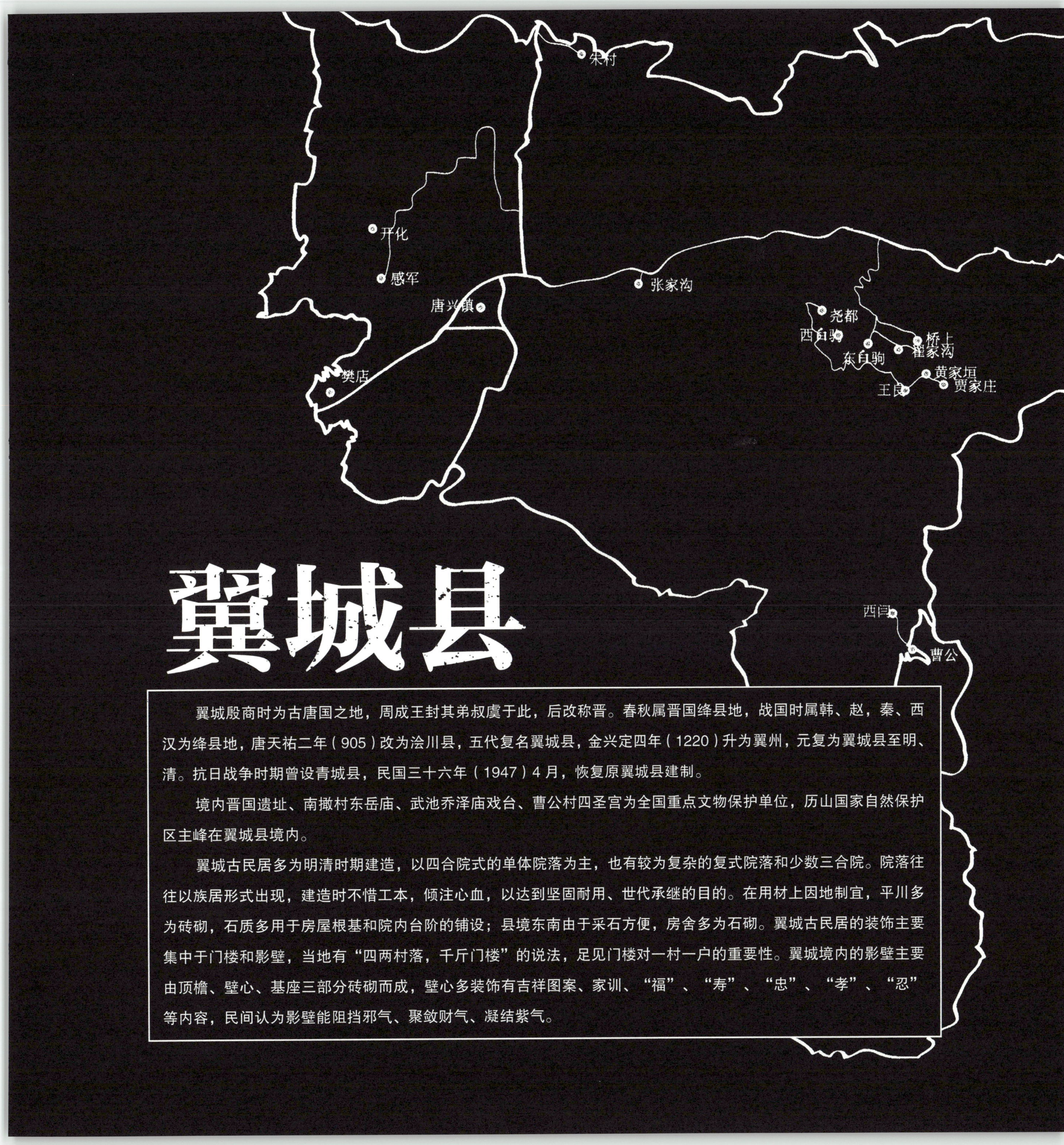

翼城县

翼城殷商时为古唐国之地，周成王封其弟叔虞于此，后改称晋。春秋属晋国绛县地，战国时属韩、赵，秦、西汉为绛县地，唐天祐二年（905）改为浍川县，五代复名翼城县，金兴定四年（1220）升为翼州，元复为翼城县至明、清。抗日战争时期曾设青城县，民国三十六年（1947）4 月，恢复原翼城县建制。

境内晋国遗址、南撖村东岳庙、武池乔泽庙戏台、曹公村四圣宫为全国重点文物保护单位，历山国家自然保护区主峰在翼城县境内。

翼城古民居多为明清时期建造，以四合院式的单体院落为主，也有较为复杂的复式院落和少数三合院。院落往往以族居形式出现，建造时不惜工本，倾注心血，以达到坚固耐用、世代承继的目的。在用材上因地制宜，平川多为砖砌，石质多用于房屋根基和院内台阶的铺设；县境东南由于采石方便，房舍多为石砌。翼城古民居的装饰主要集中于门楼和影壁，当地有“四两村落，千斤门楼”的说法，足见门楼对一村一户的重要性。翼城境内的影壁主要由顶檐、壁心、基座三部分砖砌而成，壁心多装饰有吉祥图案、家训、“福”、“寿”、“忠”、“孝”、“忍”等内容，民间认为影壁能阻挡邪气、聚敛财气、凝结紫气。

县城

依据县衙和许多公事机关、学堂在城内的位置和布局，古民居主要集中在城内上、下两条商业街附近。翼城老城以木四牌坊为中心，往北到石四牌坊为上街，往西到西城门为西街。民居布局有致，部分大院内保留有大量石雕精品。

甲科
潞墨傳芳

朱村

朱村位于翼城县王庄乡北部，距县城 20 千米，北临浮山县，其余三面环沟，南为王虎村，东为奔里村，西与续家庄毗邻。村中的关帝殿、圣母庙、砖塔保存较好。朱村位于丹子山下，相传此地是尧王的长子丹朱的出生地，后来人们把丹朱住的地方叫朱村。朱村民居以四合院形制为主，多为砖窑。门楼、照壁雕饰精美，照壁题材多为麒麟和钟馗相关故事图案。

开化村

开化村位于翼城县里砦镇西北。东临里砦村，南连吉壁村，西与南石村、西沟村为邻，北与郑壁村接壤。

吉祥如意天赐福
平安和睦地增辉

吉慶第

慎德

尧都村

尧都村位于翼城县东17千米处，属隆化镇辖。东临西白驹，西连石门村，南与四望、东望为邻，北与殿儿垣、广适、老常洼接壤，大桥路穿村而过。尧都村原名元宝村，又称九龙神村。相传尧受封于陶，以制陶为业，继天子位后又建行宫于此，故名。尧都村的砂锅制作技术，继承着陶唐氏的制陶遗风，代代相传。村中还保留着古尧都门楼、尧王井、尧王桥等与尧王相关的遗迹。村中的民居以四合院为主，张颢宅院建于清乾隆年间，四合院布局，砖雕、木雕精美考究。

四知

新春吉祥

聿修厥德

崇禮

西白驹村

西白驹村位于翼城县隆化镇。东临东白驹，南连紫荆洼，西与尧都村为邻，北与老常凹、南头坡接壤。相传尧帝东巡时，所乘坐骑诞下一匹白色的马驹，于是该地便以马驹命名。后因村民不和，经常打斗，于是便以村子中间的石拱桥为界，东边为东白驹，西边为西白驹，分属不同的地方管辖。村中的二郎庙重建于清乾隆四十二年（1777），中轴线上有戏台、正殿，两侧为耳殿、配殿、廊房，存有山门、茶房。村中的赵连璞宅院，建于清乾隆三十九年（1774），窑洞四合院布局。院内有大小窑洞 32 孔，南房 3 间。门楼高大，气势宏伟，旧时人称“河东第一院”。

守分

安命

循規

順時

东白驹村

东白驹村是翼城县桥上镇下辖村，位于翼城县东20千米处。东临桥上镇桥上村，西连隆化镇西白驹村，南与撖庄村相邻，北与安家垣接壤。

迎财神年年增富

福德神祠

桥上村

桥上村位于翼城县桥上镇政府所在地，东临南头村，南连黄家垣村，西与东白驹为邻，北与安家垣接壤。桥上村地处河道两侧，原名翟家坡，以元代世居于此者为名。清乾隆年间，以翟姓为首，各家集资在河上架一石桥，以便往来，遂改村名为翟家桥。二十世纪 70 年代改名桥上。村庄依山势而建，多为四合院布局，民居以砖窑为主，门楼建筑高大讲究。

樹德
合宅主人創修
招財進寶

吉祥如意

迎春接福
一順百順事事順
千好萬好年年好

福

翟家沟村

翟家沟村位于翼城县桥上镇西南，东临桥上村，南连黄家垣村，西与东白驹为邻，北与红沙沟接壤。全村以湾姓为主。

033

忠信

篤敬

黄家垣村

黄家垣村位于翼城县桥上镇，东临刘王沟村，南连贾家庄、尧望村，西与寨沟河为邻，北与桥上村接壤。

崇禮

贾家庄

贾家庄位于翼城县桥上镇。东临湾里村，南连张家沟村，西与寨沟河相邻，北与黄家垣接壤。村中的贾明道宅院创建于清乾隆五十九年（1794），四合院布局。贾述颜宅院创建于清同治、光绪年间，四合院布局。正房和东西厢房为二层楼建筑，南房面阔三间，进深五椽，悬山顶。

吉祥如意

王良村

王良村位于翼城县桥上镇西南 4 千米处。东临黄家垣村，南连尧望村、上沟村，西与岭西相邻，北与翟家沟接壤。王良村原名社腰村，解放战争时期，县二区中队指导员王良牺牲于此，为纪念烈士，将社腰村改名为王良村。

张家沟村

张家沟村位于翼城县桥上镇南部，东临徐家，南连大阳院村，西与尧望村相邻，北与贾家庄接壤。

感军村

感军村位于翼城县西北崇山脚下，上古曾名西陵下。“汉文帝与薄太后访河上翁，曾驻跸于此，军渴甚，后插钗得泉，故名感军。”感军村旧时建有五条街，村中保留下的古院落多系明清时期建筑，现存有杜家宅院、常家宅院、郑家宅院、马家宅院、翟家宅院，有“三谭四杜二李家，曲曲弯弯拐翟家。”之称。如今，谭家大院已不存在，除翟家宅院外，杜家、常家、郑家、马家所居宅院在明末清初时统称李家大院。李家是明清时的名商巨富，后迁往天津，所有家业出售给了本村较富裕的十余户人家，院落易主，称呼更名。但从其规划布局、建筑工艺、雕刻艺术中还可以领略旧时民居院落承载着的居住者和设计者的睿智与聪慧。

正心

誠意

齊家

正心

幸福家

修身

立命

崇禮

樊店村

樊店村地处翼城、曲沃、绛县三县交界处的交通要冲，明清到民国是曲沃烟叶、运城潞盐、泽州煤炭、潞安铁货的集散地。村中史家靠经营盐铁起家，生意遍及豫、陕、蒙、晋等地，在村东建起一连三进的深宅大院4座，书房花园、家庙祠堂、车库磨坊应有尽有。村中的明代舞楼，传说是史家商人有幸进入皇家园林看戏，很喜欢这种舞楼样式，描绘成图，按样在村里修建的。当地流传有民谣："樊店台子范牛殿，符册庙盖翼城县。"

西阎村

西阎村位于翼城县东南端，四面青山环绕，是晋东南通往晋南的交通要道。现在村中的老街、大庙、尧院胡同、王家巷口等建筑多修建于明清两代。西阎张家靠在村中开设“茂盛号”起家，到“全盛号”时，生意格外红火，先后在村中修建了东、中、南三座大宅院，都是青石铺路、青狮把门，门楼高大，影壁砖雕独具特色。

迎春春春春光美

南唐村

南唐村位于翼城县南唐乡政府所在地，东临西梁村，南连原村，西与北史、符册村相邻，北与北唐村接壤，331 省道穿村而过。相传此地是丹朱封唐侯时所都，故名唐城，也就是现在的“五唐村”，即南唐、北唐、东唐、中唐（已消亡）、云唐村，也是西周初年叔虞封唐时的“职官五正”之地。

曹公村

曹公村位于翼城县城东南40千米的舜王坪脚下，是北宋儒将曹彬的故居地。宋仁宗时，曹彬孙女被立为皇后，曹姓举家迁出，村中大户侯姓人感念曹皇后的仁慈和曹彬的威名，并引以为耀，特易名为曹公村。曹公村人杰地灵，尤以侯姓名震四方。北宋以儒学登科的侯道济，其女侯氏为理学家程颢、程颐之母；其子侯可官居中丞；其孙侯仲良师承二程，终成儒士；玄孙侯建甫为元代金牌元帅，复籍曹公，卒葬大墓洼。村中其他姓氏也名人迭出，明清举人贾生汉，进士贾天泽，还有张布政、李都司、梁将军、贾教谕等名人辈出。村中民居系明清时期依地势而建的群体建筑，弯曲的街巷，大小不一的院落，各具特色。门楼中富含教义的匾额题字尤多，以祭祀尧、舜、禹、汤四圣而建的明代四圣宫是国家级文物保护单位，始建于唐，现存有元代戏台，为现存较早的古戏台之一。这些旧迹无一不向人们诉说着昔日的辉煌，让你在不知不觉中感悟这座古老村落的辉煌过往。

3号

惟懷永圖

守唐風
生意興隆

西片

永和县

永和县位于临汾市西北部，吕梁山西部。东与隰县毗连，南与大宁县为邻，西隔黄河与陕西省延川县、延长县相望，北与石楼县接壤。总面积1213平方公里，辖2镇、5乡。

永和西汉为狐讘县，属河东郡。东汉废，三国魏重置，至晋。十六国时废置无定。北齐置永和镇，北周置临河郡及临河县，后置归化县。隋改临河县为永和县，改归化县为楼山县，属龙泉郡。唐曾置东和州，不久废；改楼山县为永和县，属隰州。1958年9月并入吕梁县，1961年复置，属临汾市。

永和县古民居以窑洞为主，山村多为土窑或挖地成院再打土窑，窑前以石挂面。富裕家庭多以石块券砌窑洞，依山就势，注重风水，多为坐北向南建筑。有的 院落随形生变，随地势而易，防风保暖、向阳是建院的基本原则，如佛堂、永和关民居多体现这种特点。

永和是中华民族文明的发祥地之一，是人类文明鼻祖伏羲故里，历史文化、民俗文化独具特色。所谓的九曲黄河景观就在永和，黄河在这里画了好几个并不完整的句号，也成就了乾坤湾永恒的魅力。

县城

永和关

永和关是历史悠久的渡口之一，也是由山西去陕西的交通要塞。唐以前就有永和关，《元和郡县志》载："永和县以县西永和关为名。"永和关曾是永和旧县城的遗址，城墙、烽火台、前后城垣等遗址尚存，村落以明清建筑为主，多石砌窑洞。清咸丰年间设立的"厘金局"旧址保存完整，但就现在破败的民居看来，已然不复旧日的辉煌。经历了繁华和喧闹的古渡口已落入宁静，不再有撑船稍工的号子，不再有千帆竞发的豪情，留下的也许只有这些废弃的房屋和厚重得快被遗忘的历史。

佛堂

佛堂位于永和县阁底乡西南部的黄河岸边，东连铁沟崖，南接王家山，北与李家山接壤，西临黄河，曾是黄河边的一个重要渡口。村子依山而建，房屋位于山坳，背风向阳，民居以石窑洞为主。

于家咀

在黄河拐弯的地方耸立着一座大青石雕砌的石塔。也许是灯塔，也许是军事上的信号塔，可以肯定的一点是非民用建筑，虽然现在已无用，但还是一如既往地盯着黄河水的变化，也许总有一天，他会告诉我们他多年守候的是什么。

于家咀为黄河古渡，地理位置特殊，因位置深入黄河弯曲处，故名。历代商贾云集，隔河与清水关古渡相望，民居多为石砌窑洞。

直地里

直地里位于打石腰乡西北部，东临任家塬村，南连郭家山村，北接王家崖村，西临黄河与陕西延川县相望，是霍永高速公路终点，与长延高速互联。直地里过去是黄河边的渡口，民居多为石砌窑洞。出村口直达黄河，从村里透过村门即可看到滚滚流淌的黄河水。临河而立的石头城门已倒塌大半，仿佛在向河水诉说着这里今日的荒凉。

西庄村

西庄村位于永和县阁底乡东南部，东临同上吉村，南连乌华沟，西与苏土村为邻，北与庄则坪村接壤。撤乡并镇前为西庄乡所在地。村子民居以窑洞为主，沟壑边多是土窑洞，垣面上多为石砌窑洞。

石门山

石门山依山而建的石窟能隐约感觉到北齐的味道，虽然大多已风化，不可观其原貌。现存的石窟相互连通，受多年风雨侵蚀的岩石更有一种天然的沧桑感！

望海寺

望海寺位于永和县西北的打石腰乡，距县城 24 千米，东临永和县城，南连阁底乡，北与南庄乡为邻，西望黄河。寺庙建在一个小山包上，创建年代不详，现存十字窑大殿和三层魁星楼一座，为龙王庙遗迹。因站在此处可观黄河，黄河水蒸气形成云海，尽收眼底，故名望海寺。

登上望海寺的瞭望楼所望见的是茫茫云海和连绵群山，耸立在高崖边上的小楼也已残破，院子里残留的石碑也不知记载着哪世的功德，乱长的荒草似乎要将这里淹没，但大殿前年代久远的松柏依然记录着历史的变迁。

德成里

东征村

东征村原名上退干，因 1963 年毛泽东、彭德怀率红军东渡黄河东征山西时曾路居，故名。境内建有红军东征永和纪念馆。

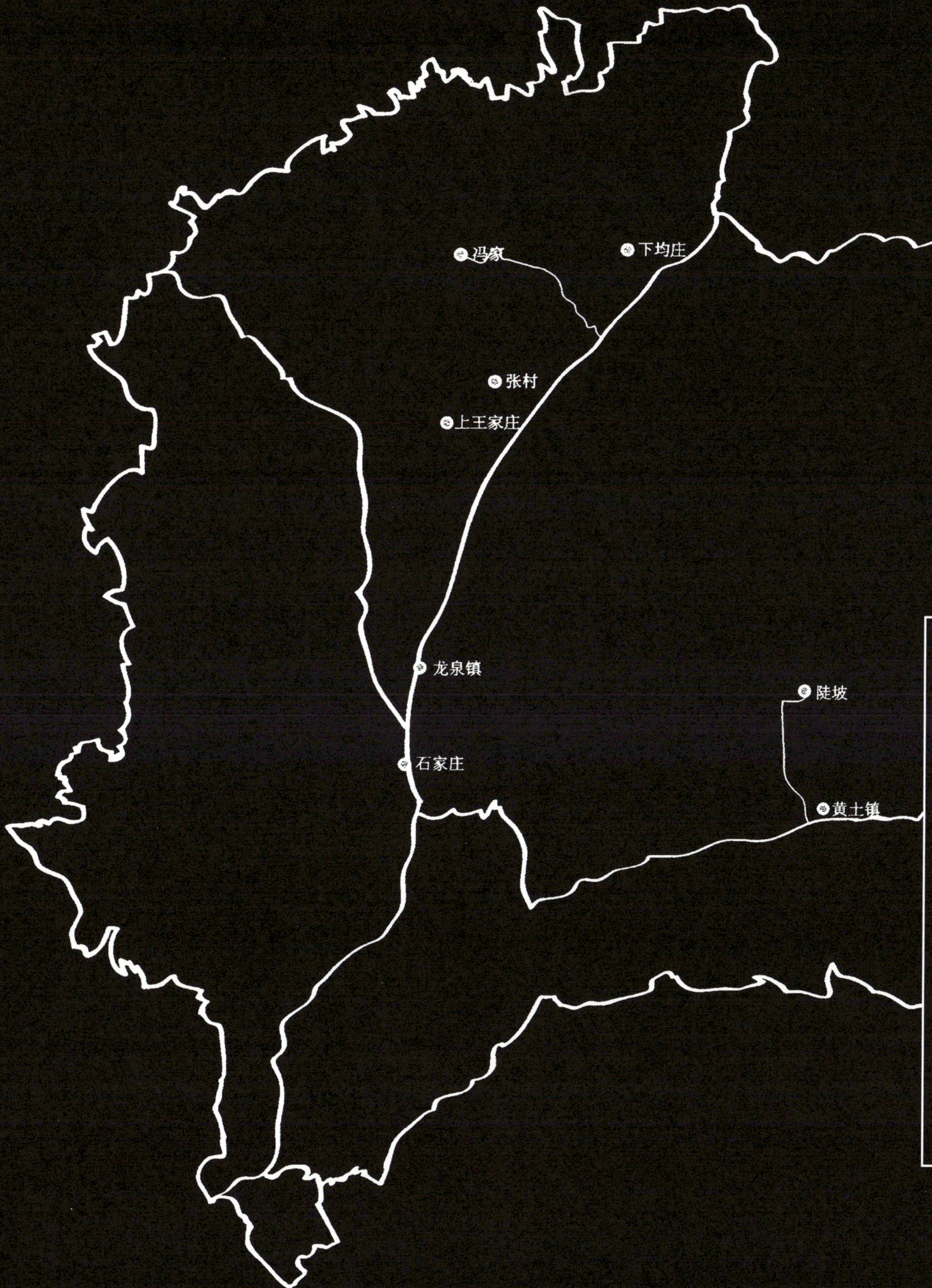

隰县

隰县，春秋称蒲邑，战国谓蒲阳。秦、汉、三国魏、晋为蒲子县。西晋末，前汉刘渊曾在此称帝。北魏置吐京镇，后置汾州，州城不置县。北周置龙泉郡，与汾州同在龙泉城，邻有长寿县等。隋改长寿县为隰川县，金分隰川置仵城县。明隰川县入隰州，清雍正二年（1724）升为直隶州，民国初改称隰县。1958 年与大宁县合并为隰宁县，同年又并入蒲县、永和、石楼，改称吕梁县，1969 年复称隰县。

境内明代千佛庵（小西天）为全国重点文物保护单位。

县城

冯家村

冯家村位于隰县下李乡西北部，东临东沟，南连武家庄，西与郭家沟为邻，北与渠子里接壤，地处世界黄土地质奇观覆盖区，撤乡并镇前是乡政府所在地。整座村子的民居结构紧凑，高低错落。村庄依山傍水，民居承袭了传统北方院落的结构，以窑洞为主。刘家大院院中有路，院中套院，互为相通。村中的 14 孔窑洞上下而筑，坐北面南，气势恢宏，在当地建筑中极为少见。

刘家大院是冯家村规模最为宏大的一处居所，余晖下的残存院墙、孤立高耸的门楼、已装上铁皮防盗门的古庙都在见证这段乡村历史的慢慢消亡。

石家庄村

石家庄村位于隰县城南乡，东临东沟湾，南连曹城村，西与车家坡塬里为邻，北与隰县县城接壤，209 国道、328 省道、中南铁路穿村而过，东川河从村东流过。村中的曹家大院位于村子后沟，坐东北面西南，依山势而建，主体院落由大门、大户院、二户院、三户院、四户院、老酒坊院、新酒坊院组成，主体建筑创建于清代，由曹氏第二代曹永懋所建。曹家以酿酒起家，创建了“永泰昌”“永盛泉”老字号，畅销晋南、晋中一带。

掩映于荒草之中的石家庄村双层楼院现已废弃，屋宇残破，鲜有人至。荒草中隐约可见的石铺花纹路基颇具特色，彰显着建造者的用心与雅致的生活情趣。

谙正村

谙正村位于隰县黄土镇东部，东临下庄村，西连黄土村，南与崔家庄隔河相望，北与梁家河接壤。青山环抱，河流贯穿。旧名“安真”“谙真”。相传元大德年间披云真人王鹤阳云游此地建元都观，元都观建成后，外来饥民到此垦荒、占卜的越来越多，并在此定居，遂成村落，因其为披云真人修身养性之地，遂定名为“安真”，后人讹传为“谙正”，沿用至今。另说村中有一段路形似马鞍，故以“鞍正”为名，后改“谙正”。

為善樂

陈家河村

陡坡村

陡坡村位于隰县陡坡乡，距县城 35 千米，东倚上天山，北靠紫荆山，南临黄土镇，西接龙泉镇。“一上陡坡都成仙”，此地自然风景独特，是避暑的好去处。村北的玉泉寺因此地有一圣水而建，形成于唐代。村中的刘家大院建筑考究、雕刻精美，为四合院布局。院院相连，以砖木结构为主，分前院、后院两大部分。据说这里曾是隰州县官刘大人的故居，刘家从第五代到十一代有功名的达 44 人之多。

霞光永護

南山拱秀

黑桑村

黑桑村位于隰县陡坡乡西部，距县城 22 千米。东临陡坡村，南连圪塔头，西与乔家河为邻，北与班家庄接壤。传说神农氏在此地亲种海棠果树，葳蕤茂盛，冠盖半亩，村子附近的果树枝条都是老辈人从这棵树上嫁接来的。此地是神农尝谷之地，村中有尝谷台，“谷城佳砌”是隰州八景之一。民居以窑洞为主。

上均庄

上均庄位于隰县下李乡北部，麦地山下，因地处均庄北部而得名，城川河、209 国道位于村东。

均庄村

均庄村位于隰县下李乡北部，毗邻风景怡人的石马沟景区，东临石马沟，南连长寿村，西与峪塌为邻，北与上均庄相连。209国道、城川河从村旁而过。

福

上王家庄

上王家庄位于隰县城南乡北部，东临秋木塬，南连陈家沟，西接王家庄，北与张村接壤。

张村

张村位于隰县下李乡南 3 千米处，209 国道旁，东临圪垛峪，南连上王家庄，西与合石村为邻，北与下李村接壤。

居安

蒲县

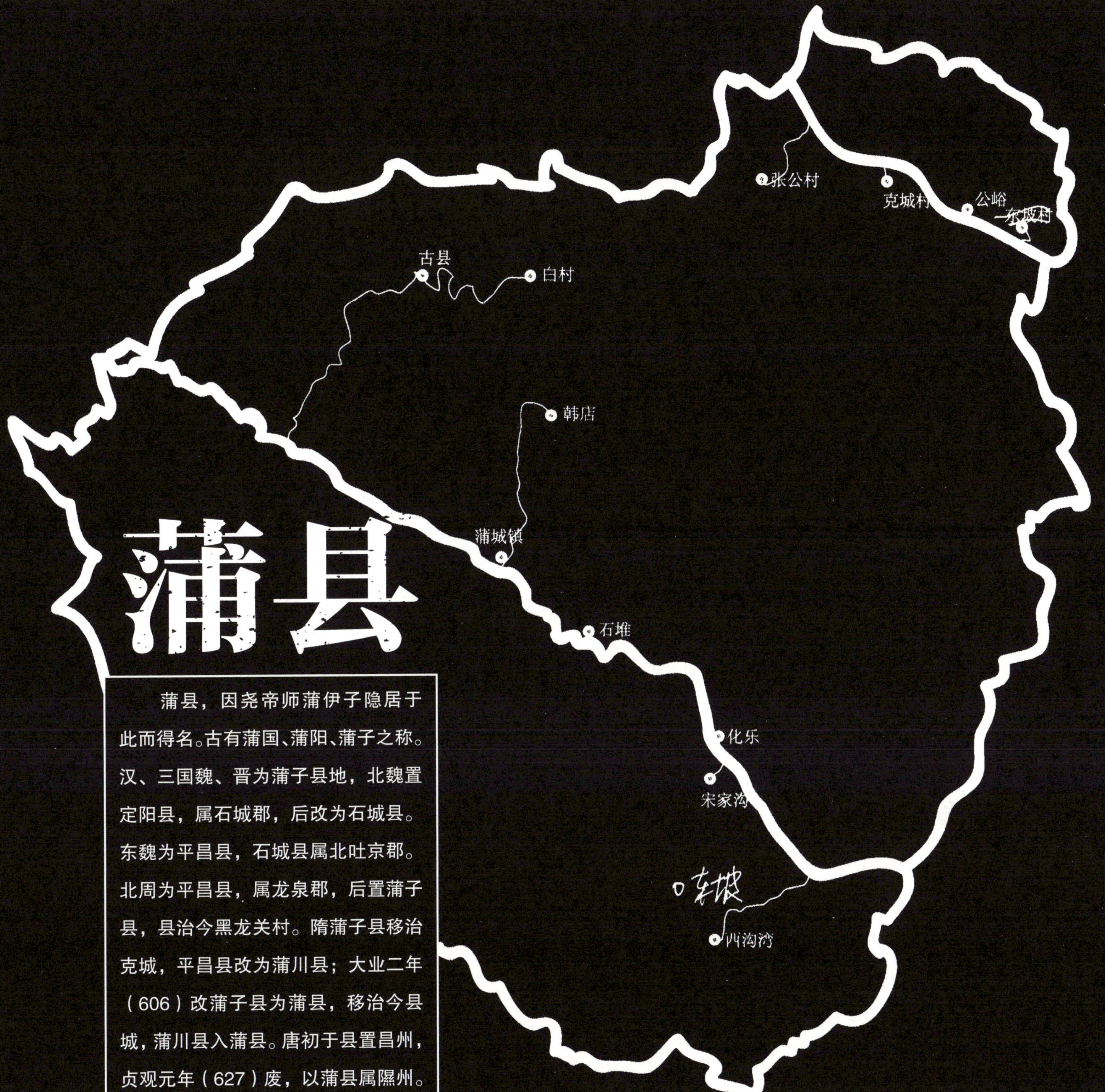

蒲县，因尧帝师蒲伊子隐居于此而得名。古有蒲国、蒲阳、蒲子之称。汉、三国魏、晋为蒲子县地，北魏置定阳县，属石城郡，后改为石城县。东魏为平昌县，石城县属北吐京郡。北周为平昌县，属龙泉郡，后置蒲子县，县治今黑龙关村。隋蒲子县移治克城，平昌县改为蒲川县；大业二年（606）改蒲子县为蒲县，移治今县城，蒲川县入蒲县。唐初于县置昌州，贞观元年（627）废，以蒲县属隰州。金升为蒲州，元初复为蒲县，明、清至民国因之。1958 年并入吕梁县，1961 年复置。

境内柏山东岳庙为全国重点文物保护单位。

县

城

數回舞罷長袖飄垂

克城村

克城村西临隰县，东接洪洞，北连汾河，素有“鸡啼鸣四县”的旱码头之称。村里的古民居以周家楼院最为有名。

安且吉

化乐村

化乐村临街的商铺数量昭示着这里曾经有过的繁华，各种功能的商铺林立，有油坊、酒肆，也有医馆、当铺，当然还有行政机构。不过现在都已失去了原有的喧闹，只有大门下横躺的青石条和油酒店门口的大石碾静静地见证着这里的历史。

好妇幼卫生保健计划

石堆村

石堆村位于蒲县蒲城镇东部，东临洛阳村，西连十里铺，昕水河、临午公路穿村而过。村子因建在昕水河北岸的石头之上而得名。

白村

白村位于蒲县古县乡东部的垣面沟壑区，东临干草角，南临蒙古村，西连古县村，北与南窑角相望。民居以窑洞为主，村中有一座保存较好的小庙。

宋家沟村

宋家沟村位于蒲县黑龙关镇，东临杏家凹，南连麻家沟，西与贺家岭为邻，北与磁窑上接壤。因宋姓人家最早居住于此而得名。

西沟湾

村口干枯的老槐树、老井口辘轳上缠绕的井绳、整齐的窑洞院，这一切是那么的安静与和谐。可惜满院的杂草诉说了这里的荒芜，也许这一切依然可以在时空中静止好多年！

张公庄

张公庄位于蒲县克城镇，毗邻五鹿山国家自然保护区，生态环境优美。东临阳窑，南连阁老掌，北接山底村，西与五鹿山自然保护区接壤。民居以砖窑洞为主，窑上建窑，呈阶梯状。层叠有八层之多的窑洞建筑群依山而建，由两条纵向的主干道上下相连，串联起了这些住在别人屋顶上的人家。

东坡村

东坡村位于蒲县黑龙关镇，东临水泉凹，南连东沟村，西邻阳坡村，北与蹄沟洼接壤，是个小自然村。村庄依山而建，以窑洞为主。

韩店村

韩店村位于蒲县韩店垣面上，东临和店村，南连下韩家垣，西与红道乡为邻，北与砖窑村相望。

於此間頗得佳趣

公峪村

公峪村位于蒲县东北部的克城镇。东临连捷山，西连堡上，北接兰堰渠，南与井洼接壤。公峪村撤乡并镇前是公峪乡所在地。赵克公路穿村而过，民居以砖窑、石窑四合院为主，依山势而建。

信篤敬

惠迪吉
喜迎新春

惠迪吉
喜迎新春

五
征

古县村

古县村位于蒲县西垣的古县乡，东临后河、西河村，南连刘村，西与永平村为邻，北与好义村接壤，是乡政府所在地。北魏置平昌县于此，故名古县。村中的泊池、庙宇保存较好。

吉县

吉县春秋时为晋国屈邑。秦、汉、三国魏、晋为北屈县，北魏置禽昌郡，后置五城郡，又置定阳郡，后又置南汾州，领定阳、五城等郡。东魏、北齐、北周仍置南汾州，领定阳、五城等郡。隋改定阳郡为文城郡，后改为南汾州、耿州，复改为汾州，后又改为文城郡。唐为汾州、慈州治。五代后唐时吉昌县改为吉乡县，屈邑县改名为文城县。宋废慈州，以吉乡县隶隰州，置吉乡军。金为吉州治，元吉乡县并入吉州。清雍正二年（1724）升直隶州，乾隆三十七年（1772）降为散州。民国元年（1912）改称吉县，1958 年并入乡宁县，1961 年恢复吉县。

境内有著名的黄河壶口瀑布，黄河岸边的柿子滩旧石器时代遗址为全国重点文物保护单位。

克难坡

克难坡为一座三面临沟河，一面通高原的葫芦状独立山梁，地势险要，在吉县县城西北，西与壶口瀑布相邻，原名“南村坡”。阎锡山是时为避讳“南”与“难”同音之嫌，改为克难坡。克难坡从原有六户人家，经过不断的修建，形成了一座窑洞层叠、道路交叉，可容纳两万人的小城，也因其特殊的军事和政治意义成为当时二战区的文化中心。克难坡过去人称小太原，现有阎公馆、实干堂、进步室、批评室、克难室、竞赛室、检讨室、真理室及望河亭、忠义祠等建筑，除窑洞外的其他建筑都用方石干砌，建筑风格与技巧可称一绝，当然这些基础建设与当时二战区临时政治中心的特殊地位密不可分。

进步室
Learning Room

三皇峪

三皇峪位于吉县车城乡东部，东临洛义沟，南连刘家山，西与朱家堡村相邻，北与茄子沟接壤。因沟后山顶有一小庙叫玉皇顶，沟因此被称为玉皇顶山下之峪，简称山皇峪，又称三皇峪。村中的九龙圣母庙创建年代不详，民国二十年（1931）重修，庙内四周的精美壁画，反映了民国时期的民俗风情，既有天津大街、北京正阳门，又有传统的苏武牧羊、麻姑献寿等图案，还有雄伟的金銮宝殿、仙山群阁等画面。这些壁画系当年重修时画匠许进德、陈登峰所绘。

人祖山

人祖山在壶口之东，庙宇众多，这里有一望无际的千年古树，也有许多传说。人祖山作为传说中女娲、伏羲生活的地方，自然少不了为人乐道的传说和故事，住在这里的村民也自然为人之先祖的淳朴遗风所教化。由于这里交通不便，所以民居多取于当地石材。坚固的石头墙与石质台阶或许已经历了千年之久，但一直还在那里耸立着，记录着人类历史发展的痕迹。

雷家庄村

雷家庄村位于吉县东城乡，距县城 10 千米，东临大田窝村，南临 309 国道、临吉高速，西与下社堤为邻，北与高家庄接壤。因昔日扎庄首户姓雷，故名雷家庄。村子建在垣面之上，古村多为地窨院和半地窨院建筑，是晋南民居建筑的另一种形式，现多已废弃。

桑峨村

桑峨村位于吉县屯里镇西部，东临屯里村，西连太度村，南与南沟为邻，北与乔麦沟接壤。因旧时村子东西山岗栽有桑树，原名桑阿，后改桑峨。

光绪年间，刘家隆将吉县桑峨“义和公”商号买下，改号“东川源”，交由其弟刘家成经营，以经营酿酒、晒醋、制粉及京广百货、中药为主。到民国初年，刘家拥有100余座山庄，土地达3000余亩，建成院落10余座，年收入在万余银元以上。抗战时期，所有存粮被充军用，所酿酒、醋大部分供应了阎锡山驻克难坡部队，“东川源”每况愈下。

卫生工作的重点放到农

朱家堡村

朱家堡村位于吉县车城乡东部，东临三皇峪，南临大庙沟、堡子岭，西与郭家垛村为邻，北与兔儿山、茄子沟接壤。相传朱家堡为元朝将军朱俊在此屯兵而建的城堡，堡子建有城墙。朱家堡是屈邑通往尧都的必要关卡、驿道，舍此无他建，历来为军事要地。另说，明惠帝朱允炆继位四年后，其叔朱棣逃往朱家堡后驾崩，村名由此而得。

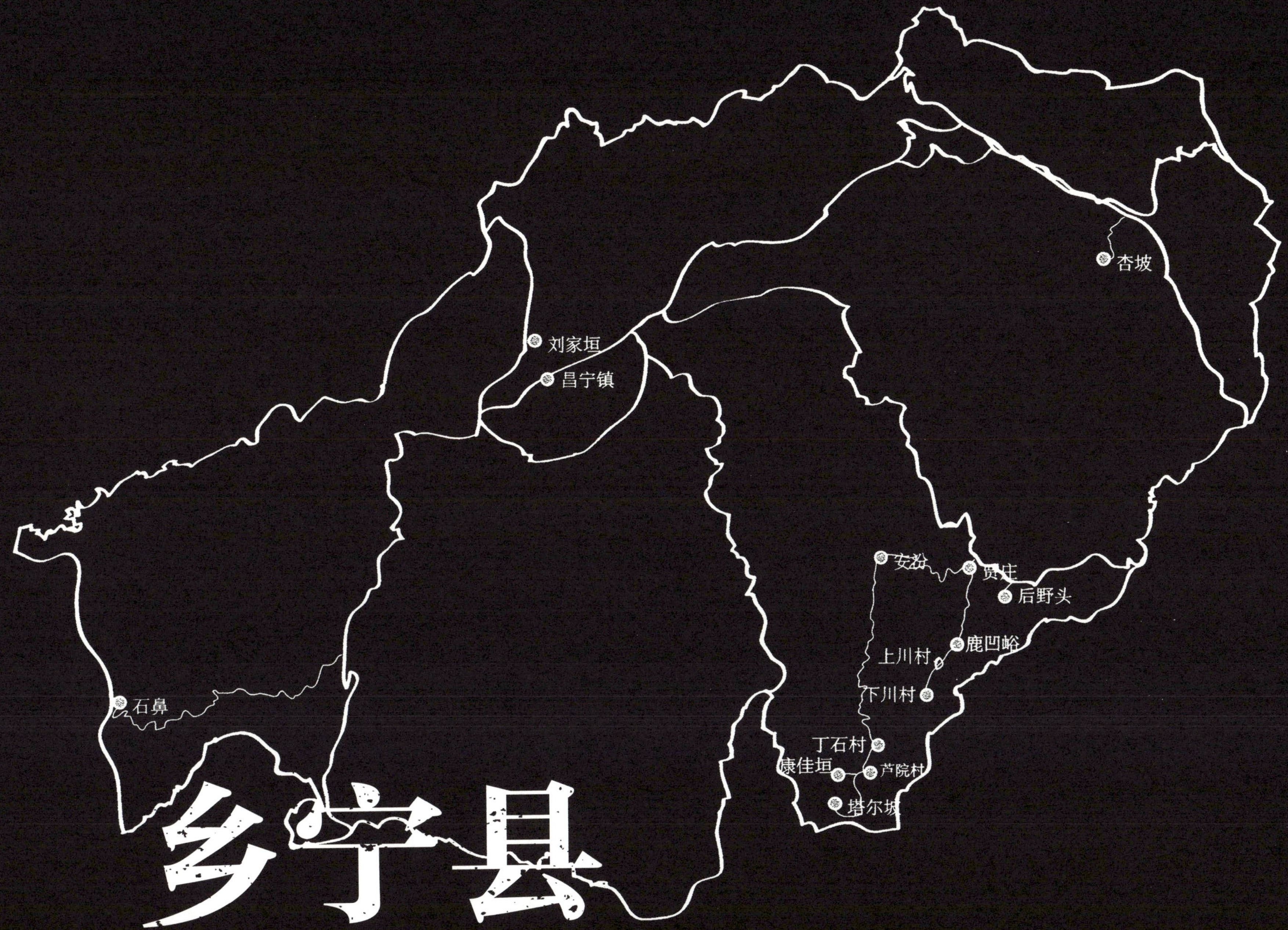

乡宁县

乡宁春秋为鄂邑，后属晋国，秦为北屈县地。西汉割北屈县地为骐侯国。东汉、三国魏、晋属北屈县地。北魏延兴四年（474）分泰平县，置昌宁县，属中阳郡，后属东魏、西魏，又属齐。后为北周所据，分为昌宁、平昌二县。唐改平昌为吕香，五代后唐改昌宁为乡宁，后并吕香入乡宁，隶慈州。宋熙宁五年（1072）入襄陵、太平、稷山等县。元祐元年（1086）复置，至元三年（1266）并入吉州，二十五年（1288）复置，隶平阳府吉州。明属吉州，清乾隆三十七年（1772）直属平阳府。

境内云丘山五龙宫是著名道观，县城的寿圣寺为全国重点文物保护单位。

乡宁县古民居因地理环境、经济条件的殊异，营造风格和规格迥异。黄河岸边和高垣、平阔地方多为砖砌窑洞，县境南部和位处沟壑的村庄多为石砌窑洞。平地四合院的布局一般由大门、正房、南房、东西厢房组成，也有少数的三合院和部分沿村中大道两侧建房居住者。如黄河岸边的石鼻村，云丘山下的下川村、丁石村就是不同风格的代表。

杏坡

杏坡位于乡宁县光华镇，东临土霍村，南连陡坡村，西与郭元村为邻，北与坡头村接壤。

安汾

安汾古称吕香城，是唐代关卡型古县城，城门宽不足3米，城门下有千年古道。做过县城所在地的安汾村有着悠久的历史，这里的石砌房屋完全经得住岁月的冲刷。衙门所在地由于修建整齐而保存完好，这里所保留下来的唐代石砌监狱比苏三监狱的历史更为悠久，仅容一人站立的石砌囚室、通往各个囚室的古老巷道，处处昭示着律法的森严。

贾庄村

贾庄村位于乡宁县关王庙乡，坐落在云头山脚下，乡襄公路和关安公路穿村而过。全村以赵姓为主。村子坐北向南依山而建，上高下低为长方形布局。贾庄村现有晋南特色石砌古民居10座，多为长方形四合院，院落北高南低。北面为上房，为青石面石窑洞，南面大都为二层，一层为石窑洞，二层为砖木结构的瓦房，当地称南厦。东西两边是厢房，有的是砖瓦房，有的是石窑洞。10座古院落院院相连，以老院为中心分东院、西院、园门院、书房院、古前院、前厅院、后院、善乐院、勤俭院，其中善乐院有四个院子相连。贾庄还被称为乡宁出南门第一富贵村，历史上曾出过不少达官贵人。抗战时期阎锡山第十九军曾驻扎此村。

古前院

后野头村

后野头村位于乡宁县关王庙乡东南部。东临车板村，西靠南山，南接大圪塔，北至磁凹沟。民居以石砌窑洞为主。

鹿凹峪村

鹿凹峪村位于乡宁县关王庙乡西南，北临关王庙，西南连上川村。传说此地曾是晋国王公饲养鹿的沟峪，晋献公曾在此地围猎，后渐成村落。古村坐东向西，呈半圆形的格局，民居以石砌窑洞为主。村落以泊池为中心建有寺庙，向四周发展，村中的千年古槐郁郁葱葱。

上川村

上川村位于乡宁县关王庙乡西南，马壁峪中段，南临下川村，东北接鹿凹峪。学者推断上川村、下川村一带是汉代骐县和隋唐平昌县所在地。抗战时期为汾城县政府驻地。

下川村

下川村位于乡宁县关王庙乡西南端，南与新绛、稷山接壤，西与云丘山景区相连。下川村原有六个城门，南北各两个，东西各一个，现仅剩两个南门。村子还保存着古代的格局，王家祠堂和建于清嘉庆年间的戏台保存较好。

塔尔坡村

塔尔坡村位于乡宁县云丘山景区，是一个约有 1500 年历史的古村落。古村依山傍水，林木葱茂，民居建筑风格各异，民俗民风独特。全村有窑洞 60 余间，木构房屋 50 余间，依山而建，北靠山崖，以土崖挖洞的穴居、石料构筑的窑居和夯土版筑的抬梁结构为主要建筑形式。整体村落的布局和形式，比较完整地保留了原始先民的居住、建筑理念。

丁石村

丁石村位于乡宁县关王庙乡的云丘山景区，又名圪丁石。相传，古时有乱贼作乱，玄武大帝搬来巨石压在村中寺院的鼎中，“鼎石”村由此而生，后改为“丁石”。村旁的唐代官道现在还保留了曾经的马踏蹄印、车辙痕迹。古村旁的石桥造型奇特，古朴典雅，石板铺成的村间小路弯弯曲曲，交叉错落。

康家坪村

康家坪村位于乡宁县关王庙乡大河村境内，云丘山八宝宫后的两山之间。北面山坡，两边石崖高峻，与云丘山顶的祖师顶、玉皇顶遥遥相望。

炉园村

炉园村位于乡宁县关王庙乡的云丘山景区，村子已移民，现在已成了空村。

石鼻村

石鼻村上有壶口百里之激湍，下有龙门千里之阻隘。村中的杜氏民居由清代乾隆年间建成的 5 座设计讲究、建筑精巧、古朴典雅的宅院组成，系城堡式建筑。民居整体呈品字形排列，五座院落门前的石铺甬道连着一条总甬道，逶迤而下，直通黄河岸边的码头。大门上镌刻的“河水南流荣光润屋，泰山西望爽气宜人”石头楹联和砖雕“三竹图”“禹门图”寄托着杜家人对美好生活的期许。

山明水秀

刘家垣村

刘家垣村位于乡宁县昌宁镇北部5千米处。东临罗河，南连昌宁，北接富家原村，西与柳涧接壤，呼北公路穿村而过。属西周晋国古鄂城城垣外围，故名。村中的老槐树和刘家祠堂保存完好。刘家祠堂建于乾隆年间，为时任四川万县县令刘文华所建。村中老槐树形奇特。

大宁县

大宁县位于临汾市西部，吕梁山脉西南端。东邻隰县、蒲县，南连吉县，西临黄河与陕西延长县相望，北接永和县。

大宁秦、汉、三国魏、晋为北屈地，北魏后历属禽昌、京军、五城县，北周置大宁县、北齐置浮图镇。隋并入五城县，唐复置。宋、元、明、清至民国，建制大体未变。1958 年曾与隰县合并为隰宁县，同年又将蒲县、石楼县、永和县三县并入，设吕梁县，1961 年复为隰宁县，后改为大宁县。

川庄村

川庄村位于大宁县南端的三多乡，是大宁县最南的一个村，209国道和义亭河穿村而过，交通便利。川庄村是一个传统古村落，村中的古槐、瀑布、民居浑然一体。村内王家大院有窑洞16孔，房屋6间，多为石头券砌而成。

笊篱寨

笊篱寨位于大宁县徐家垛乡。东临李家垛村，南连赵家村，西与康里村为邻，北与下庄、大坡接壤。山顶上的古寨如同建在一把笊篱上，南、北、西三面峭壁，下临河水，东面筑有高大的寨门。笊篱寨创建于明末，为防御兵事和匪患而建。清同治七年（1868）曾作防御捻军兵营，寨内房屋建在天然的石头上，现有院落 5 处，石窑洞 60 多孔。

岭上村

岭上村位于大宁县徐家垛乡，是个自然小村。西临黄河，马头关位于村子西部。村中的曹仙媪祠创建于元大德元年（1297），现存建筑为清代遗存。村中还存有马王庙、关址等一批古代建筑。

楼底村

楼底村位于大宁县城南的三多乡，距县城 10 千米。义亭河和 209 国道穿村而过。

太古村

太古村位于大宁县太古乡所在地，距县城 50 千米。村中古建筑以石砌窑洞为主，窑洞宽大，构造结实，结合紧密，功能俱全。

徐家垛村

徐家垛村位于大宁县徐家垛乡，东临北桑峨村，西连花崖村，南北环山，宁大公路和昕水河穿村而过。

鑫源饭店

图书篇幅有限，更多万余张海量大图请扫码观看

图片库由山西春秋电子音像出版社提供技术支持

图书在版编目（CIP）数据

临汾古民居 / 杨晓红著 . -- 太原：三晋出版社，
2020.8
ISBN 978-7-5457-2067-9

Ⅰ. ①临… Ⅱ. ①杨… Ⅲ. ①民居—古建筑—临汾—
图集 Ⅳ. ① K928.71-64

中国版本图书馆 CIP 数据核字（2020）第 137059 号

临汾古民居

著　　者　杨晓红
出版统筹　原　晋
责任编辑　赵亮亮
装帧设计　朱嬴椿　罗　薇
责任印制　李佳音

出 版 者　山西出版传媒集团·三晋出版社（山西古籍出版社有限责任公司）
地　　址　太原市建设南路 21 号
邮　　编　030012
电　　话　0351-4922268（发行中心）
　　　　　0351-4956036（总编室）
　　　　　0351-4922203（印制部）
网　　址　http://www.sjcbs.cn

经 销 者　新华书店
承 印 者　上海雅昌艺术印刷有限公司

开　　本　787 毫米 × 1092 毫米　1/12
印　　张　129.5
字　　数　490 千
版　　次　2021 年 8 月　第 1 版
印　　次　2021 年 8 月　第 1 次印刷
书　　号　ISBN 978-7-5457-2067-9
定　　价　1200.00 元

ISBN 978-7-5457-2067-9
定价：1200.00 元